E. M. und J. H. Angerstein

Mit Kindern Stille üben

Wie Kinder lernen,
zur Ruhe zu kommen und
leise Töne wahrzunehmen
Ein Praxisbuch mit
spielerischen Übungen

SÜDWEST

Inhalt

Vorwort 4

Das Unterbewusstsein als Problem und Hilfe 6

So helfen Stilleübungen 6
Durch vorgeburtliche Erfahrungen
ruhig und gelassen 7
Stilleübungen während der Schwangerschaft 9

Entwickelt sich mein Kind normal? 10

Kinder gezielt fördern 10
Die kindliche Wahrnehmungsfähigkeit unterstützen 11
Altbewährt: Geschichten erzählen 12
Lesen als Alternative 13

Die Sinne entdecken 14

Ganzheitliche Wahrnehmung 14
Sehen 15
Hören 17
Riechen und Schmecken 20
Tastempfinden 22
Sich fühlen 24
Muskeln spüren 27

Mit Yoga zu Stille und Entspannung 30

Hauptproblem Stress 36

So funktioniert Stress 36
So äußert sich Stress 37
Stille und Entspannung helfen gegen Stress 38
Stress beginnt im Kopf 38

Kraft tanken 40

Autogenes Training für Ihr Kind 44

Wärmeempfinden als erster Schritt 44
Verspannungen erkennen 46
Die Ruhe des Herzens finden 47
Zubeißen kann nur, wer auch loslässt 48
Klarer Kopf 48
Suggestionen wirken lassen 48
Stillegeschichten des autogenen Trainings 48

Für die kindliche Entwicklung sind Stille und Selbstreflexion wichtig.

Inhalt

Wer Ängste zeigen kann, wird sie besser durchstehen.

Verstärkung durch Suggestionen	54

Helfende Stille im Alltag — 56

Der erste Gedanke bestimmt den Tag	56
Ich bin getragen	57
Schulängste zerstören die innere Ruhe und Gelassenheit	57
Negative Erfahrungen prägen	59
Bulling	60
Kinder brauchen Unterstützung	61
Sicherheit geben	62
Zuhören ist wichtig	63
Essen als Ruheritual	64
Sicherheit durch Stillerituale	65
Kleine Aufmerksamkeiten	65
Innere Stille als Hilfe zu konzentriertem Lernen	66
Training für den Schulalltag	67
Hausaufgaben	70
Gezielte Entspannung ist besser als ein Mittagsschlaf	71
Fernsehen und Computerspiele	72
Ängste zeigen und bestehen	73
Belastende Erlebnisse verarbeiten	75
Hilfen für das hyperkinetische Kind	76

Wege zum Unterbewusstsein bahnen — 78

Vertrauensbildendes Beten	82
Loslassen und Einschlafen	83
Über Geschichten die Sprache des Unbewussten verstehen	86
Der Blumentest	89
Krank sein, Arzt und Krankenhaus	92
Negative Einflüsse stoppen	93
Bildnachweis/Impressum	95
Register	96

Gemeinsam Inseln der Stille entdecken.

Vorwort

Neben der zunehmenden Anzahl kinderloser arbeitender Ehepaare herrscht auch bei Familien mit einem oder zwei Kindern ein ungebrochener Trend zur Berufstätigkeit beider Elternteile.

Familien, in denen beide Elternteile arbeiten und den ganzen Tag außer Haus sind, werden heutzutage immer mehr zur Regel. Wirtschaftliche Zwänge führen also dazu, dass viele Eltern sich tagsüber nicht um ihre Kinder kümmern können, seien diese auch noch so klein. Andererseits haben kleine Wohnungen dazu geführt, dass die Großeltern fast immer woanders wohnen – zudem sind die wenigsten Großeltern in der Lage, für die technik- und medienbegeisterte Jugend ein interessantes Gegenüber zu sein. Sie können also bestenfalls für Kleinkinder eine elterliche Ersatzfunktion übernehmen, sind jedoch meist überfordert, wenn der Sprössling eingeschult wird. So werden unsere Kinder einfach mit hinein gerissen in den Strudel unserer Bedürfnisse und Notwendigkeiten; Leistungszwang und Hektik unserer Zeit machen auch vor ihnen nicht halt. Statt mit vorgelesenen oder gar erzählten Geschichten gehen viele Kinder mit dem elektronischen Sandmännchen ins Bett, und statt zu lesen, im Freien zu spielen und durch Wiesen und Wälder zu streifen, versenken sie sich in virtuelle Welten und Instant-Erlebnisse. Das ist vor allem für die kindliche Entwicklung alles andere als zuträglich.

Was Kinder brauchen

Die Bedürfnisse eines Kindes sind vielfältig, und in seinem Entwicklungsplan ist vorgesehen, dass es in den ersten Jahren begierig alles aufnimmt, was die Welt ihm bietet. Zuerst über den Geschmacks-, den Hör- und den Sehsinn, später mit Händen, Füßen und dem »eigenen Kopf« nimmt es alles auf und versucht dann seinerseits, Einfluss zu nehmen. So sind die Erfahrungen, die ein Kind im ersten Lebensjahrzehnt macht, für sein ganzes Leben prägend. Wie gesagt: Angelegt ist in ihm alles, und es ist an uns, den Eltern und ErzieherInnen, dem Kind einen möglichst weiten Erfahrungshorizont zu bieten. Leider werden Kinder oft vernachlässigt und der lauten und hektischen Gegenwart ungeschützt ausgesetzt, so dass Stille und Selbstbesinnung, Ruhe und Entspannung zu kurz kommen.

Was zu tun ist

Um dieser zunehmenden Problematik entgegentreten zu können, ist dieses Buch geschrieben worden. Es soll Ihnen die Hintergründe für Problemsituationen verdeutlichen und praktische Lösungsmöglichkeiten aufzeigen. Der erste und wichtigste Schritt ist dabei, innezuhalten, zu sich selbst zu kommen und über Stille und Entspannung Gelegenheit zur Selbstbesinnung zu finden. Dabei führt der Weg manchmal über durchaus laute und bewegte Spiele letztendlich in die auch vom Kind als Befreiung empfundene Stille.
Gesunde Kinder lieben die Stille.

Kindern ist Stille und In-sich-gekehrt-Sein ebenso von Natur aus zu eigen wie ihr Bewegungs- und Eroberungsdrang. Beides müssen sie ausleben können, beides sollte gefördert werden.

In der kindlichen Entwicklung sind Stille und Selbstreflexion ebenso wichtig wie das Spielen und Austoben.

Das Unterbewusstsein als Problem und Hilfe

Das Unterbewusstsein verarbeitet vor allem in den Schlafphasen die Erlebnisse und Eindrücke, die tagsüber auf das Kind einwirken.

Stimmungen und Gestimmtheiten muss man nicht wie ein Urteil entgegennehmen. Es lässt sich durchaus etwas dagegen unternehmen, wenn man »schlecht drauf« ist.

Gefühlsimpulse und Reaktionen aus dem Unterbewusstsein steuern unser Fühlen, Denken und Handeln.

Was dieses Unterbewusstsein ist, weiß niemand genau zu sagen, denn selbst die modernste Hirnforschung konnte ihm noch keinen Platz innerhalb unseres Gehirns zuordnen.

Die Bezeichnung Unterbewusstsein sagt also, dass es sich hier um einen Bereich unseres Bewusstseins handelt, der unserem Erinnerungsvermögen und jedem sonstigen gewollten Zugriff nicht direkt zugänglich ist.

Gerade dort aber, in diesem so schwierig analysierbaren Bereich, liegt der Entstehungsort unserer Grundgestimmtheit, unserer Ängste und Gefühle sowie unserer Träume.

Manchmal werden wir aus dieser Bewusstseinsebene vor Gefahren gewarnt, ebenso häufig reagiert unser Körper auf Grund von Impulsen aus dem Unterbewusstsein aber auch »unvernünftig«, weil es Körperreaktionen auslöst, die keinerlei Hilfe in der jeweiligen Situation sind. Wir alle kennen das etwa aus Prüfungssituationen.

Nicht selten machen uns Alp- und Angstträume das Leben zusätzlich schwer, verweigert unser Körper den Gehorsam, ohne dass uns der Grund dafür bekannt wäre.

So helfen Stilleübungen

Mit Hilfe der Stille- und Entspannungsübungen ist es möglich, zu innerer Ruhe und Gelassenheit zu finden und so viele Probleme des Alltags zu mildern. Diese Methoden sind nichts Modernes, Neues, im Gegenteil: Schamanen und Priester, weise Frauen und erfahrene Mütter erzählen schon seit undenklichen Zeiten Geschichten und wenden manche der von uns angebotenen Techniken an. Nur ist heute an die Stelle des gefühlsmäßigen Gestaltens und der tradierten oder selbst gesammelten Erfahrung ein Orientieren an physiologischen und psychologischen Gesetzmäßigkeiten getreten.

Durch vorgeburtliche Erfahrungen ruhig und gelassen

Das ungeborene Kind ist schon im Mutterleib auf die Aufnahme von Gedanken und Gefühlsregungen der Mutter ausgerichtet. Dies ist absolut; das Baby kann sich nicht dagegen schützen. Was immer die Mutter auch empfindet, wie immer sie reagiert, das Kind nimmt daran teil.
Die werdende Mutter entscheidet durch ihre Grundgestimmtheit und ihre Reaktionen auf Belastungen von außen also mit, ob ihr Kind ein fröhlicher und leistungsfähiger Mensch wird, der im Leben mit sich und anderen zurechtkommt.

Positive und negative Grundgestimmtheit

Langzeituntersuchungen haben gezeigt, dass Kinder von Frauen, die im Krieg ihre Männer verloren hatten und die Todesnachricht während der Schwangerschaft erfuhren, dann besonders belastbar wurden, wenn die Frauen, trotz Leid und Trauer, sich nicht gehen ließen, sondern sich ganz auf das werdende Kind konzentrierten.
Dieses lebensbejahende Verhalten der Mutter stärkt den Lebenswillen und das Urvertrauen des künftigen Kindes in entscheidender Weise.
Dagegen wurden die Kinder jener Frauen, die unter dem Leid zusammen brachen, sich in ihrer Trauer verloren und dadurch das Kind vergaßen, eher zu enttäuschten Versagern.

> Zweifellos haben die Gedanken und Sorgen einer werdenden Mutter eine Auswirkung auf das noch Ungeborene. Das sollte ihr immer bewusst sein, und sie sollte auch darauf achten, welche Signale von ihrem Kind kommen.

Die Verbindung von Mutter und Kind

Fähigkeiten wie Neugierde, Mut zum Ausprobieren, Konzentration und Ausdauer werden ebenfalls schon im Mutterleib angebahnt. Ungeliebte Babys, die nicht in ausreichendem Maß Sicherheit und Geborgenheit erleben, können keine Lernerfahrungen machen, die die Basis für Vertrauen und Lebenswillen sind. Sie sind anfällig für alle Formen des Misstrauens und haben es viel schwerer, sich in eine Gemeinschaft zu integrieren. Die Verhaltensweise dieser Kinder wird im Begriff »Angstbeißer« deutlich. Ein Blick genügt, um sich angegriffen zu fühlen und sofort loszuschlagen. Andere Kinder wiederum kapseln sich ab, werden links liegengelassen und entwickeln sich zu Einzelgängern.

Wenn Sie eine solche Entwicklung verhindern wollen, unterhalten Sie sich mit Ihrem noch nicht geborenen Kind. Erzählen Sie ihm, wie schön es auf der Erde ist, wie Sie die gemeinsame Zeit miteinander verbringen werden und vor allem, dass Sie sich auf das Kind freuen und es jetzt schon sehr lieb haben. Erzählen Sie Ihrem Kind auch ruhig Probleme, aber gleichzeitig mit Lösungsmöglichkeiten. So lernt das Kind, dass Probleme nichts Vernichtendes sind, sondern interessante und manchmal auch unangenehme Situationen, die zu lösen sind, und aus deren Bewältigung wir sehr viel lernen.

Dass Ihr noch ungeborenes Kind Sie versteht, zeigt ein Beispiel: Ungeborene schlafen sehr viel. Wird gerade zu diesem Zeitpunkt eine Ultraschalluntersuchung gemacht, erscheint das Baby auf dem Bildschirm reglos. Sagt nun der Arzt: »Ich weiß nicht, irgend etwas stimmt mit dem Baby nicht. Es bewegt sich nicht«, so reicht das Erschrecken der Mutter aus, um das Baby sofort aufzuwecken. Es beginnt heftig zu strampeln, weil ihm die besorgte Gemütsverfassung der Mutter unangenehm ist. Es zeigt der Mutter durch die Körpersprache, dass es lebt und alles in Ordnung ist.

Wer an alle Problemsituationen seines Lebens in dem Bewusstsein herangeht, dass ihn das Leben zwar fordert, aber niemals überfordert, findet immer wieder zu hilfreichen Lösungen.

Stimmen Sie Ihr Kind bereits im Mutterleib positiv ein. Genauso wichtig wie die Schwangerschaftsgymnastik ist seelische und psychische Ausgewogenheit und Lebensoptimismus.

Stilleübungen während der Schwangerschaft

Bleiben Sie mit Ihrem ungeborenen Kind in Kontakt, indem Sie während des Tages immer wieder an Ihr Kind denken. Muten Sie sich nicht zu viel zu. Selbst wenn Sie es schaffen, stundenlang im Einkaufstrubel durch die Stadt zu hetzen, denken Sie daran: Sie sind nicht allein. Legen Sie öfter eine Pause ein, bevor Sie richtig müde sind. Setzen Sie sich auf eine Parkbank oder in ein ruhiges Café und entspannen Sie sich bei einem erfrischenden Getränk. Tanken Sie Energie und Lebensfreude. Das tut Ihnen und Ihrem Kind gut.
In der Schwangerschaftsgymnastik lernen Sie, wie Sie am Besten sitzen. Setzen Sie sich bequem und kümmern Sie sich nicht darum, was andere Menschen denken könnten. Sie tun Gutes für sich und Ihr Kind.

Ihr Kind freut sich, wenn Sie ab und zu eine Ruhepause einlegen und die Stille auf sich wirken lassen, denn das ist auch für das Ungeborene wohltuend.

Den Tag ruhig beginnen und beenden

Besonders morgens und abends ist es wichtig, dem ungeborenen Kind Stilleerfahrungen zu vermitteln. Beginnen und beenden Sie den Tag nicht hektisch. Bevor Sie zu Bett gehen, legen Sie sich auf den Rücken, atmen Sie ruhig und gleichmäßig, streicheln Sie Ihren Bauch und reden Sie mit ihrem Kind. Wenn überhaupt, dann sollte nur ganz leise Musik laufen, die Ihnen hilft, sich zu entspannen. Horchen Sie auf die verschiedenen Geräusche und erzählen Sie Ihrem Kind, was um Sie herum geschieht. Lassen Sie die Stille auf sich wirken und werden Sie ruhig und entspannt müde, bevor Sie sich schlafen legen. Sie werden sehen, dass das absinkende Erregungsniveau einen großen Einfluss auf das Baby in Ihrem Bauch hat.
Beginnen Sie den Tag ebenfalls langsam und ruhig. Bleiben Sie noch ein paar Minuten wach im Bett liegen und reden Sie mit Ihrem Kind, bevor Sie sich aufmachen und ohne Hektik in die Aktivitäten des Tages hinüberwechseln.

Entwickelt sich mein Kind normal?

Die einfachsten Dinge können ein Kind stundenlang beschäftigen, wenn es die Welt für sich neu entdeckt.

Jedes Kind hat seinen eigenen Entwicklungsrhythmus. Es gibt jedoch Erfahrungswerte, wann ein Kind spätestens sitzen, krabbeln, stehen, laufen und sprechen können sollte.

Ist medizinisch alles in Ordnung und kommt es trotzdem zu Entwicklungsverzögerungen, muss die Ursache im familiären Umfeld gesucht werden. Ein häufiges Problem ist dabei die Überbehütung. Aus Liebe und Angst, dass etwas passieren könnte, wird das Kind daran gehindert, sitzen, laufen und sprechen zu lernen. Wenn es fällt, wird es aufgestellt, wirft es das Spielzeug fort, ist Tante oder Oma sofort bereit, es dem Kleinen wieder in die Hand zu geben. Solchermaßen verwöhnte Kinder entwickeln sich oft zu Egoisten, die ihre Umwelt genüsslich terrorisieren.

Das andere Extrem ist die Vernachlässigung. Grundsätzlich müssen wir uns fragen, ob das Kind genug Wärme und Geborgenheit erhält, dass es den Mut zum Ausprobieren aufbringt und sich auch durch Fehlversuche nicht entmutigen lässt. Erkennen wir kindliche Erfolge an? Loben wir unseren kleinen Liebling? Wieviel sprechen wir mit ihm? Regen wir ihn zum Sprechen an? Erklären wir ihm, was in seinen Bilderbüchern zu sehen ist?

Die kindliche Entwicklung verläuft zwar nach einem groben Schema, doch individuell verschieden ab. Haben Sie das Gefühl, dass Ihr Sprössling besonders weit hinterher hinkt, sollten Sie vorsichtshalber mit ihm zum Kinderarzt gehen und nach organischen Ursachen forschen lassen.

Kinder gezielt fördern

Kindergartenkinder können mehr Bildeinheiten erkennen und sinnvoll verbinden als Kleinkinder. In dieser Phase ist es wichtig, Inseln der Stille im täglichen, meist viel zu hektischen Leben zu schaffen und das Kind zum Erzählen anzuregen, darauf zu achten, dass möglichst viele Details vom Kind erkannt und in die Geschichte einbezogen werden. Geschult werden Wahrnehmungsfähigkeit, Konzentration, Phantasie sowie die Freude und der Mut zum freien Sprechen. Damit geben wir unseren zukünftigen Abc-Schützen einen wesentlichen Schatz für die Schule mit. Denn Kinder, die gut und frei sprechen und Zusammenhänge altersgemäß erkennen können, kommen im Unterricht um vieles leichter mit. Wächst das Kind ohne Geschwister auf, fördern Sie den Kontakt zu anderen Kindern in der Nachbarschaft und beobachten Sie die möglichen Freunde beim Spiel. Wie gehen sie miteinander um? Welche Art zu spielen herrscht vor? Wie groß ist der Altersunterschied? Nehmen sie auf Schwächere Rücksicht? Wie verhalten sie sich Erwachsenen gegenüber?

Die kindliche Wahrnehmungsfähigkeit unterstützen

Kinder lernen vieles unter dem Wunsch, dazugehören zu wollen. Sie brauchen andere Kinder, um sich mit ihnen zu messen und auszutauschen. Kinder, die von allem abgeschirmt werden, sind kaum den Anforderungen des Lebens gewachsen, ähnlich wie Pflanzen, die, ohne langsam ans Klima gewöhnt zu werden, plötzlich mit Wind und Wetter zurechtkommen müssen.

Unsere Kinder toben sich längst nicht mehr so viel in der freien Natur aus wie die vorhergehenden Generationen. Sie werden mehr und mehr zu Stubenhockern. Die Dauerberieselung durch die Medien führt zu nervlicher, geistiger und muskulärer Fehlbelastung und erschwert so jede Konzentration. Die Folgen davon sind, dass das Leistungsniveau sinkt, die Frustrationen größer werden, das soziale Verhalten verkümmert und die Flucht in Ablenkung durch die Medien angetreten wird. Diesen Teufelskreis gilt es, erst gar nicht zu betreten oder so schnell wie möglich zu durchbrechen.

Wenn Klein- und Schulkinder nicht mehr spontan spielen, wenn sie aus Langeweile ihre Umgebung nerven und nur noch vor der Glotze

Die kindgerechte Umgebung sollte nicht arm an Reizen sein, andererseits aber auch nicht zu einer Reizüberflutung beim Kind führen.

hocken, dann wurden Interesse, Neugierde, Phantasie und der Wille, sich Informationen anzueignen, schon im Keim erstickt.

Fördern Sie das Wahrnehmungsbewusstsein Ihres Kindes deshalb möglichst früh. Lenken Sie seine Aufmerksamkeit gezielt auf verschiedene Wahrnehmungsbereiche und auf den eigenen Körper, etwa mit Hilfe der Übungen, die Sie im Kapitel »Die Sinne entdecken« finden.

Altbewährt: Geschichten erzählen

Schulen Sie sich selbst und Ihr Kind durch Geschichtenerzählen auch im Zuhören. Zuhören zu können fällt Kindern leicht, denn sie sind neugierig und wollen alles ganz genau wissen. Fördern Sie diese Neugier, und nehmen Sie auch selbst wieder mehr diese Haltung ein.

Verstärken Sie den Kontakt zu Ihrem Kind, erzählen Sie ihm wann immer möglich Geschichten. Schon von klein an sollten Sie frei erfundene oder vorgelesene Geschichten Ihrem Sprössling als Einschlafritual angewöhnen.

Geht Ihr Kind schon zur Schule, lassen Sie sich von ihm erzählen, was es gerade liest, und fragen Sie nach. Durch gezieltes Fragen wird dem Kind der Zugang zum tieferen Inhalt des Textes eröffnet. Wer sich Zeit nimmt, sein Kind die gelesene Geschichte entweder erzählen oder spielen zu lassen, führt es vom nüchternen Lesen der Wörter zum phantasievollen und bildhaften Miterleben der Erzählung. Als nächster Schritt sollte ein Umgestalten und Weiterspinnen der Geschichte folgen.

So erlebt Ihr Kind eine Verwandlung auch eines vielleicht eher trockenen Lesestoffs, und so wirken diese »Zaubergeschichten« lustbetont und daher motivierend.

Dadurch werden Phantasie, das Prinzip des Lesens, die innere Ausgeglichenheit, die Ausdrucksfähigkeit, die Freude am Erzählen und der Mut, frei zu sprechen, geübt.

Besonders die Art und Weise, wie Ihr Kind die jeweilige Geschichte weiterträumt, gibt wichtige Einblicke in sein Innenleben. Wenn Sie das Gefühl haben, die Fortsetzung ist zu friedlich oder zu aggressiv, so gibt Ihnen dies einen deutlichen Hinweis auf seine aktuellen Wünsche und Befürchtungen.

Lesen als Alternative

Spielen, nacherzählen oder Geschichten mit Phantasie weitererzählen und ausbauen bringt eine längere Beschäftigung mit dem Thema und es werden mehr Erinnerungsanker gesetzt. So wird das Kind durch sein Spiel motiviert, die Geschichte wieder nachzulesen. Diese Stille-Beschäftigung mit Texten und Geschichten hilft dem Kind, sich in ruhiger und reflektierter Weise mit sich selbst und der Umwelt auseinanderzusetzen.

Kinder, die viel lesen und sich an Biografien großer Menschen orientieren, sind geschützte und kaum den großen Gefahren (Drogen, Bandenbildung, Kriminalität) ausgelieferte Kinder. Sie werden im Sinne der Übernahme eigenverantwortlicher Lebensorientierung schneller erwachsen und sind auch fähig, ihre durch das Lesen gebildete Meinungen und Wertevorstellungen zu vertreten. Sie fallen nicht so leicht auf Werbung, Meinungsmache oder Seelenfang herein. Kindern das Fernsehen zu verbieten und das Lesen vorzuschreiben ist ein vielleicht gut gemeinter, aber sicher falscher Weg. Wenn sie von früher Kindheit an Geschichten gehört haben, werden sie viel eher Leselust entwickeln und auch gern Geschichten selbst erfinden. Aber auch Fernsehsendungen wecken das natürliche Interesse aller Kinder, und so sollte ihnen auch erlaubt werden, Sendungen, die ihrem Verstehenshorizont angemessen sind, anzuschauen. Es sollte aber nicht beim bloßen Konsumieren bleiben. Gerade Fernsehfilme werfen Fragen auf, und nach einer guten Kindersendung gibt es viel nachzuspielen und weiterzuspinnen. Lassen Sie Ihr Kind dann nicht mit seinen Gedanken und Fragen über das Gesehene allein, sondern reden Sie mit ihm über die Sendung, fragen Sie, was ihm gefallen hat und was nicht.

Manchmal wird auch im Unterricht über eine Fernsehsendung gesprochen. Diese Sendung sollte das Kind sehen dürfen, damit es mitreden kann und von den Mitschülern nicht verspottet wird.

Die Ablaufgeschwindigkeit der meisten Sendungen überfordert Kinder. Mehrmaliges Sehen des gleichen Filmes ist besser.

Nichts beflügelt die Phantasie so sehr wie ein gutes Buch. Ihr Kind malt sich die Szenen und Handlungen ganz individuell aus und wird so viel besser unterhalten als vor dem Fernseher oder Computer.

Die Sinne entdecken

Auf der duftenden Wiese bunt schillernde Seifenblasen in die wärmende Sonne schicken - ein Erlebnis für alle Sinne.

Wirkliches Erleben erfordert den Einsatz aller Sinne und die Fähigkeit, sich in Ruhe und Stille zu besinnen und sich und die Umwelt bewusst wahrzunehmen. Wer das bereits als Kind gelernt hat, dessen Leben ist um ein Vielfaches erfüllter und interessanter. Die Freude am Detail, am Kleinen, scheinbar Nebensächlichen, kann genauso tief berühren und glücklich machen wie aufwendige und teure Dinge. Was Sie hier Ihrem Kind vermitteln, kann es im Extremfall eines Tages vor unsinnigen und ein ganzes Leben versklavenden, finanziellen Abenteuern bewahren.

Ganzheitliche Wahrnehmung

Grundsätzlich wird jedes Erlebnis, jede Erfahrung, in unserem Gedächtnis mit allen Begleitwahrnehmungen gespeichert. Zu jedem Gesehenen gehört ein Ton, ein Geruch, ein Geschmack, ein Gefühl usw.

Dabei wird alles in sinnverwandte Gruppen zusammengefasst und quasi mit einem Gefühl als Überschrift abgelegt. Dabei gibt es zwei Hauptüberschriften: Gefahr oder Wohlbehagen.

Treffen wir nun auf eine Situation, die wir in vergleichbarer Weise schon einmal erlebt haben, so erinnern wir uns kaum noch an Details, jedoch kommt ein deutliches Gefühl der Zuneigung oder Ablehnung in uns auf. Unsere Grundgestimmtheit wird in Richtung Nervosität, Anspannung, Angst oder freudige Erwartung gelenkt.

Die beim Erwachsenen voll entwickelten und aufeinander abgestimmten Sinne sind das Ergebnis jahrelanger Übung und täglicher Praxis. Um ihre Sinne für Verborgenes zu schärfen, sind bei Kindern manche Übungen ratsam.

Je geringer unser Interesse an Details und Hintergründen ist, um so ungenauer ist auch die Qualität der automatisch wahrgenommenen Aspekte oder Submodalitäten.

Die daraus resultierende Ungenauigkeit hinterlässt ein Gefühl des Unbehagens und der Unsicherheit. Alles, was unser Unterbewusstsein nicht genau kennt, wird sicherheitshalber erst einmal als gefährlich eingestuft. Das ist Basis und Nährboden für ständige innere Unruhe, ein ständiges Sich-getrieben-Fühlen und unbewusste Ängste. Wenn Sie Ihr Kind möglichst früh zum intensiven und bewussten Wahrnehmen führen, helfen Sie ihm damit, entspannter und angstfreier zu sein. Die folgenden Stilleübungen konzentrieren sich jeweils auf eine Hauptwahrnehmungsmodalität.

Sehen

Die optische Wahrnehmung ist unsere wichtigste Informationsquelle über das, was um uns herum geschieht. Wir lernen die Welt in erster Linie mit den Augen kennen, und schon bald lassen sich auch innere Befindlichkeiten in Bildern, verschiedenen Farben und Formen ausdrücken.

Die Erinnerungsgeschichte

Wenn wir uns das Ziel setzen, etwas zeichnen oder malen zu wollen, ist unser Bemühen um detailgenaues Erkennen gesteigert. Bleistift und Skizzenblock sind deshalb bereits für kleine Kinder sinnvolle Utensilien.
Fragen Sie nach einem Spaziergang Ihr Kind, was ihm besonders aufgefallen ist, und lassen Sie es dazu eine Zeichnung aus dem Gedächtnis anfertigen. So erkennen Sie auch, mit welcher Wertigkeit das Kind Dinge einstuft; ob es sich vielleicht an ein Detail besonders gut erinnert, auf das Sie es während des Spaziergangs angesprochen haben oder das Sie ihm gezeigt haben. Ältere Kinder können natürlich auch ihre Erlebnisse aufschreiben oder skizzieren bzw. zeichnen. Lassen Sie Ihr Kind die Eindrücke des Spaziergangs zu einer Bildergeschichte zusammenfügen, so erreichen Sie außer der entspannenden Wirkung einer Geschichte die für jedes Merken und Lernen unumgängliche Wiederholung.

Dinge und Situationen genauer oder in einem anderen Licht zu betrachten bringt oft Überraschendes an den Tag. Ab und zu ein Perspektivenwechsel ist also nicht nur für Kinder interessant.

Bereits die gedankliche Wiederholung als schön und angenehm eingestufter Erinnerungen bewirkt ein Gefühl der inneren Ruhe.

Um konzentriertes Sehen zu üben eignen sich eine Vielzahl kleiner Dinge, die während einer Wanderung gefunden werden. Man kann diese Dinge z. B. auf einem Tuch ausbreiten, zudecken und das Kind dann beschreiben lassen. Anfühlen, beriechen und anschließendes Beschreiben, Aufzählen und Malen ermöglichen eine Intensivierung der Auseinandersetzung mit den Gegenständen.

Der fotografische Blick

Betrachten Sie gemeinsam mit Ihrem Kind eine Zeitlang (etwa 30 Sekunden) eine Landschaft. Sie können sich auch über die Landschaft beschreibend unterhalten. Anschließend drehen Sie sich in eine andere Richtung und versuchen, sich gemeinsam wieder an das zu erinnern, was Sie gesehen haben. Helfen Sie dabei Ihrem Kind, beginnen Sie mit den auffälligsten Dingen und stellen Sie erforderlichenfalls gezielte Fragen, was noch alles zu sehen war.

Der Erlebnisspaziergang

Mit Skizzenblock, Malstiften, Fotoapparat, Fernglas, Lupe und, falls vorhanden, mit einem Mikroskop ausgerüstet, wird jeder Spaziergang zu einem Erlebnis, ja zu einer Expedition in ungeahnte Details. Konzentrieren Sie sich bei jedem Spaziergang auf ein paar wenige Dinge, die sie genau betrachten wollen: Blumen, Steine, kleine Tiere, der Blick durchs Fernglas auf entfernte Bäume, Häuser, Menschen, Berge. Planen Sie die Route so, dass es immer genug Interessantes zu sehen gibt. Noch an Ort und Stelle können von den erstaunlichen Einblicken Skizzen erstellt oder Aufnahmen mit dem Fotoapparat gemacht werden.

Ein Naturführer mit den wichtigsten Pflanzen, Tieren, Tierspuren und Gesteinen sollte immer dabei sein, denn je häufiger Sie eine Frage mit »das weiß ich nicht« beantworten, desto schneller erlahmt das

Üben Sie mit Ihrem Kind spaßeshalber öfter spontan, ohne sich vorher abgesprochen zu haben, wie gut es sich an manche Details erinnert. Natürlich sollten Sie sich dabei abwechseln und dem Kind ebenso Fragen beantworten können, wenn es Ihr visuelles Gedächtnis »auf die Probe stellt«.

kindliche Interesse. Zu Hause lässt man den Spaziergang dann noch einmal Revue passieren und das Kind erzählen.

Lichtwechsel

Ein für Kinder interessantes Phänomen ist die Veränderung der Dinge, wenn sich das Licht ändert. Setzen Sie sich mit Ihrem Kind mitten in einen normal beleuchteten Raum. Zünden Sie gemeinsam ein paar Kerzen an. Wenn es draußen hell ist, ziehen Sie die Vorhänge zu oder lassen Sie die Rolläden herunter, ist es bereits dunkel, machen Sie das elektrische Licht aus. Nun brennen nur noch die Kerzen und beleuchten den Raum auf eigentümliche Weise. Während die Kerzen brennen, darf nicht geredet werden. Setzen sie sich wieder mitten im Zimmer nieder und betrachten Sie mit Ihrem Kind den Raum und die Dinge darin genau. Nach ein paar Minuten wird der Raum wieder normal beleuchtet, die Kerzen gelöscht, und das Kind berichtet, was ihm aufgefallen ist.

Die Lichtintensität hat einen großen Einfluss auf die Art der Wahrnehmung und insbesondere auf die Stimmung, die ein Kind mit einer Situation verknüpft. Dunkles, Zwielichtiges wirkt oft bedrohlich, Helles freundlich.

Bildmeditation

Lassen Sie Ihr Kind ein großes Bild genau betrachten. Am Besten eignet sich dazu eine Natur- oder eine Landschaftsaufnahme etwa aus einem Kalender. Nun soll Ihr Kind die Augen schließen und sich das Bild vorstellen. Es soll sich so viele Einzelheiten wie möglich still ins Gedächtnis rufen. Es kann sich auch überlegen, was auf dem Bild fehlt oder was geschehen könnte. Wenn es nach ein paar Minuten die Augen wieder öffnet, soll es berichten, woran es sich erinnert und was ihm alles zu dem Bild eingefallen ist.

Hören

Der Kontakt mit blinden Kindern oder Erwachsenen wird von Kindern weitaus weniger belastend empfunden, wie wir als Eltern ver-

Die Sinne entdecken

muten könnten. Sind die Kinder nicht durch Mitleidsbekundungen unsererseits vorbelastet, empfinden sie meist Bewunderung für die erstaunlichen Leistungen dieser Menschen. Ein Blinder muss, um seine Umwelt erfahren zu können, noch viel mehr in sich ruhen als ein Sehender. Der Umgang mit blinden Menschen kann deshalb zu einer enormen Bereicherung für unsere Kinder werden.

Geräusche sammeln

Mit Hilfe eines Weckers wird eine bestimmte Zeitspanne festgelegt, in der die Augen geschlossen gehalten werden. Achten Sie mit Ihrem Kind nun auf alle Geräusche, lauschen Sie still auf den kleinsten Laut. Klingelt der Wecker, dürfen die Augen geöffnet werden, und Ihr Kind darf berichte, was es alles gehört hat und was ihm aufgefallen ist. Helfen Sie ihm dabei, die gehörten Geräusche den verschiedenen Geräuschverursachern zuzuordnen.

Stilleübungen, die sich auf das Hören, das nach dem Sehen wichtigste Wahrnehmungsvermögen, konzentrieren, erschließen dem Kind eine neue Dimension der Dinge.

Gemeinsames Erleben und gezielte Hinweise lenken den wachen Kinderverstand und regen ihn zusätzlich an.

Geräusche herausfiltern

Bei dieser Stilleübung konzentrieren wir uns auf bestimmte Geräusche. Bevor die Augen geschlossen werden, legen Sie gemeinsam mit Ihrem Kind fest, auf welche Geräusche sie sich konzentrieren wollen: technische Geräusche oder natürliche Geräusche, Schritte von draußen oder in der Wohnung, oben oder unten usw. Nach einer Weile konzentrierten Zuhörens treten die Geräusche, auf die man sich konzentriert, immer klarer in den Vordergrund.

Ganz nah am Ohr

Interessante Hörerfahrungen lassen sich auch machen, wenn man das Ohr nah an Wände und Decken bringt, an einem Baumstamm lauscht oder einen Luftballon ans Ohr drückt. Wie ein Stethoskop wirkt ein umgedrehtes Wein- oder Sektglas, mit dem man nun die Geräusche des Kühlschranks oder des Boilers genau erkunden kann.

Tönende Geschichten

Schon mit einfachen Kassettenrekordern lassen sich über das eingebaute Mikrofon tolle Lautcollagen basteln oder ganze Geschichten nur mit Geräuschen erzählen. Zusätzlich können Tierstimmen aufgenommen und eingespielt werden. Lassen Sie sich von Ihrem Kind die Geräuschgeschichten vorspielen; Sie werden erstaunt sein, was beim genauen Zuhören in einer Abfolge von Lauten alles stecken kann.

Geräusche im Freien

Erleben Sie mit Ihrem Kind die Stille und die sanfte Geräuschkulisse eines Morgens in einem Park oder Wald. Auch die Geräusche eines Baches sind immer wieder faszinierend. Legen Sie sich an einem sonnigen Tag ins Gras neben einen Bach und lauschen Sie gemein-

---

Hüten Sie sich davor, Ihr Kind mit Aussagen wie: »Sei doch mal still!«, zum Ruhigsein zu vergattern. Zeigen Sie ihm, wie man durch Innehalten im Trubel des Alltags, durch genaues Zuhören mehr erfährt. So versteht es auch besser, wenn Sie es bitten, das eine oder andere Mal gerade nicht zu stören.

sam dem Plätschern des Wassers, dem Surren der Bienen und Fliegen, dem Sirren der Mücken, dem Brummen der Hummeln, dem Flattern der Vögel und dem Rascheln des Laubs.

Falls Sie einen Zoo in der Nähe haben: Gehen Sie abends außen um den Zoo herum und hören Sie genau hin, was sich drinnen alles tut. Wenn so eine innere Bereitschaft und Verständnis für die Welt der Geräusche aufgebaut wurde, ist eine Nachtwanderung oder eine Nacht im Zelt ein unvergessliches Erlebnis.

Eine Zeltnacht

Als Erwachsener sollte man erst selbst eine Nacht im Zelt verbringen und sich Gedanken machen, wie man auf eventuell auftauchende Fragen des Kindes eingehen kann.

Natürlich kann ein Kind nicht ständig lauschen. Es muss zwischendurch erzählen können. Auch von den Ängsten, die mit einem Mal erwachen können. Doch schließlich wird die Stille siegen, und nach langem Lauschen und Reden und einem vielleicht erst spät gefundenen Schlaf ist das Erwachen in der Natur ein anderes, neues und schönes Erlebnis.

Eine Zeltnacht mit einem geduldigen und »mutigen« Vater oder einer ebensolchen Mutter kann einen kleinen Helden reifen lassen, seinen Mut und sein Selbstvertrauen entscheidend stärken.

Manche Kinder fürchten sich allein wegen der Geräusche, bei geöffnetem Fenster zu schlafen. Sollte Ihr Kind solche Ängste zeigen, bleiben Sie bei ihm und erforschen Sie gemeinsam, was im Dunkeln so neu und seltsam klingt; bald werden die Ängste verschwunden sein.

Riechen und Schmecken

Riechen und Schmecken sind eng miteinander verknüpft. Mit verstopfter Nase schmeckt vieles ganz anders oder gar nicht.

Um mit der Nase auf Entdeckungsreise zu gehen, gibt es natürlich besonders im Frühjahr in der freien Natur viele Möglichkeiten. Aber auch ein Blumengeschäft kann manchen Dufteindruck bieten. Ätherische Öle stehen häufig zum Probeschnuppern in Geschäften. Vielleicht findet Ihr Kind hier seinen Duft.

Duftsäckchen

Füllen Sie gemeinsam mit Ihrem Kind ein Kräuterduftsäckchen oder gar ein kleines Kissen, am Besten mit zum Teil selbst gesammelten Kräutern. Myrrhe, Lavendel und getrocknete Mandarinenschalen etwa ergeben ein wirkungsvolles Ruhe- und Schlafkissen für Kinder. Schon das Suchen und Sammeln der Kräuter kann dabei zu einem ruheintensiven Streifzug durch Wälder und Wiesen werden.

Geschmackserlebnisse

Während der Erntezeit lassen sich manche Früchte frisch pflücken, angefangen bei Erdbeeren im Frühsommer bis hin zu Äpfeln im Herbst. Gehen Sie mit Ihrem Kind aufs Erdbeerfeld und auf die Obstwiese und lassen Sie es die Pflanzen und Bäume genau betrachten, von denen gepflückt wird. Zu Hause soll es sich dann beim Essen der Früchte mit geschlossenen Augen die Pflanzen und Bäume vorstellen und den Geschmack der Frucht mit dem Aussehen des Baums, seinem Geruch und den Geräuschen verbinden.

Auch ein Einkauf beim Biobauern, Kräuterhändler oder auf dem Markt liefert jede Menge neuer Geschmackserlebnisse, die mit verbundenen Augen noch intensiver werden. Alles was roh und essbar ist, sollte probiert werden. Ein eigener Keimkasten in der Fensterbank macht Kindern Spaß und bringt Gesundheit für die ganze Familie.

Wer seine Nahrung nach einer gewissen Umstellungszeit nur noch nach dem Geschmack auswählt, hat übrigens berechtigte Aussichten, gesünder zu leben.

Durch überwiegende Rohkosternährung können wir unsere Sinne wieder verfeinern und gleichzeitig unserem Körper jene Nahrungsstoffe zuführen, die den Nerven die Kraft zur inneren Ruhe und Stabilität geben.

Wachsen und Werden der Nahrungspflanzen zu beobachten, führt zu Geduld und Gelassenheit; es lässt die Stille der Pflanzen erfahren.

Mag der Geschmackssinn auch noch so untergeordnet scheinen, wenn einem etwas nicht »schmeckt«, kann es noch so gut aussehen und hoch gerühmt werden. Eine Differenzierung und Ausbildung des Geschmackssinns ist also durchaus nützlich.

Welche Frucht ist das?

Bereiten Sie einen Teller mit verschiedenen geschnittenen Früchten vor. Mit verbundenen Augen wird nun ein Stück nach dem anderen probiert. Gründliches Kauen macht die geschmacklichen Veränderungen bewusst, die bereits im Mund von den Verdauungssäften bewirkt werden.

Wie schmeckt das?

Geben Sie Ihrem Kind, das die Augen geschlossen hält, eine kleine Menge von verschiedenen Gewürzen und Essenzen direkt auf die Zunge: etwas Salz, danach vielleicht ein paar Tropfen verdünnten Essig, ein wenig Zucker, ein bisschen Honig usw. Allzu Scharfes und Alkoholisches sollte nicht darunter sein.

Die täglichen Mahlzeiten

Durch langsames Essen und Konzentration auf die einzelnen Bestandteile schaffen Sie bei Ihrem Kind ein Bewusstsein für die Mahlzeit. Lassen Sie das Essen zu einem Ritual der Stille werden (siehe auch Seite 64).

Tastempfinden

Das Ertasten und Erfühlen unterschiedlicher Materialien, Konsistenzen und Temperaturen ist besonders im direkten Vergleich sehr interessant und manchmal sogar verblüffend.
Begreifen gelingt besser mit anfassen und fühlen. Bewegen Sie Ihr Kind immer wieder dazu zu sagen, wie sich etwas anfühlt. Oft kommen dabei auch Gefühle zur Sprache, die uns besser verstehen helfen, was im Kind vorgeht. Stuft Ihr Kind etwas angenehmer oder unangenehmer ein als Sie? Erfühlt es etwas, wo für Sie nichts da ist?

Es ist für die ganze Familie ein Gewinn, wenn man die gemeinsamen Mahlzeiten zu einem Ritual der Stille werden lässt.

Ist es vielleicht Ihre Interpretation, die durch alte Gefühle vorbelastet ist? Eine psychologische Analyse ist dabei nicht das Ziel. Allein das Sich-bewußt-Werden ist schon ein Schritt auf dem Weg zur inneren Ruhe. Das vorsichtige Ertasten und Erfühlen führt uns wieder in unsere Mitte und hinterlässt ein angenehmes Gefühl der inneren Ruhe und Ausgeglichenheit.

Das liebevolle Streicheln und Drücken eine Stofftieres oder einer Puppe, auch eines lebenden Tieres, schafft die Basis dafür, Zärtlichkeit geben und nehmen zu können.

Formen ertasten

Lassen Sie Ihr Kind verschiedene Gegenstände, die einfache geometrische Formen haben, einzeln in einem Säckchen ertasten.
Nach der Phase des stillen Ertastens soll der Gegenstand auf einen Skizzenblock gezeichnet werden.

Erklären Sie Ihrem Kind, dass blinde Menschen andere Menschen an den ertasteten Gesichtszügen erkennen. Machen Sie ein Spiel daraus; diese kleine Übung ist spannend und lehrreich.

Durch lange Jahrtausende hat das Wasser den Flusskiesel zu einem ovalen, kantenlosen Stein mit leicht rauher Oberfläche gewaschen.

Geheimnisvoller Beutel

Stecken Sie einen Gegenstand in einen Stoffbeutel und lassen Sie Ihr Kind den Gegenstand erraten, indem es ihn nur durch den Beutel ertasten darf. Schnell wird sich der Tastsinn verbessert haben, und Sie können jetzt schwierigere oder mehrere Gegenstände in den Stoffbeutel geben und so das Ratespiel interessanter machen.

Stoffe ertasten

Lassen Sie Ihr Kind doch einmal verschiedenste Gegenstände mit den Fußsohlen erfühlen, und versuchen Sie selbst das auch. Sie werden erstaunt sein, wie sensibel Füße sind.

Füllen Sie in eine kleine Kiste Stoffreste und nicht allzu kleine Stofffetzen, und zwar von jedem Stück immer zwei Teile. Lassen Sie nun Ihr Kind mit geschlossenen Augen ausgiebig in der Kiste wühlen. Es soll versuchen, jeweils zwei gleiche Stoffteile zu finden. Am Anfang kann man diese Sinnesübung einfacher gestalten, indem die Stoffe sehr unterschiedlich gewählt werden oder auch Leder- und Pelzstücke dabei sind. Sie werden sehen, dass Ihr Kind ausgiebig und manchmal scheinbar gedankenverloren in der Kiste wühlt und die Tastreize auf sich wirken lässt.

Sich fühlen

Bevor der Rücken sich durch Schmerzen bemerkbar macht, hat er lange geduldig ausgehalten, was wir ihm an falscher Haltung zugemutet haben. Wir sollten wenigstens bei jedem Stundenschlag wieder einmal in unseren Körper hineinspüren, nachfühlen, was die Muskeln uns erzählen wollen. Jeder Gedanke, jede Stimmung, jedes Gefühl wirkt sich auf die Anspannung, Entspannung, Belastbarkeit unserer Muskeln aus. Manchmal umgibt uns ein regelrechter Muskelpanzer aus angespannten, verspannten Muskeln. Unser Körper hat sich das irgendwann in der Kindheit einmal angewöhnt, dann wurde von Jahr zu Jahr diese Gewohnheit verstärkt. Bei unseren Kindern können wir noch den Anfängen wehren.

Massieren tut gut

Mit Berührung, Körperkontakt und Massage können Sie Ihrem Kind Stille schenken und Geborgenheit und Wohlbefinden vermitteln. Eltern sollten ihre Kinder deshalb regelmäßig massieren. Wenigstens die Schultern und den Nacken. Ihr Kind muss dabei einfach nur am Tisch sitzen. Legen Sie eine Decke oder ein Kissen auf den Tisch, auf das es seine Arme legen kann. Wenn es nun die Stirn auf die Arme legt, ist der Nacken genügend entspannt. Sind die Muskeln dort hart und angespannt, wird die Blut- und Sauerstoffzufuhr zum Kopf erschwert. Das führt oft zu Kopfschmerzen und mindert das Denk- und Konzentrationsvermögen. Mit sanften Händen, von der Stirn beginnend, den Rücken herunterstreichen, sanft die Schultern und den Nacken etwas kneten, das genügt schon. Wenn Sie wollen, reiben Sie Ihre Hände vorher mit einem ätherischen Öl oder etwas Melissengeist ein.

Wichtig bei der Massage ist, dass auch Sie sich der Stille hingeben und sich entspannen. Versuchen Sie, innerlich ruhig zu sein. Denken Sie nicht daran, was Sie noch alles zu erledigen haben und dass Ihr Kind Sie nun auch noch aufhält. Solche Gedanken übertragen sich, besonders bei körperlicher Berührung.

Der Igelball

Rollen Sie mit dem Igelball, einem Kunststoffball mit weichen Igelnoppen, langsam über Arme und Beine Ihres Kindes, während es mit geschlossenen Augen auf dem Bauch liegt. Es soll dabei ruhig atmen und sich auf die Bewegung des Balls konzentrieren. Rollen Sie den Ball langsam und in kleinen Kreisen die Arme und Beine auf und ab und über den Rücken. Sie brauchen denn Igelball nicht fest anzudrücken, trotzdem wird die Muskulatur erwärmt und entspannt sich. Reden Sie während der ganzen Übung nicht; auch Ihr Kind soll sich ganz auf den Ball konzentrieren, die Stille wirken lassen und sich entspannen.

Erkennen und entsprechen Sie dem Harmonie- und Stillebedürfnis Ihres Kindes, wenn es noch im Babyalter ist. Der Südwest-Familienratgeber »Sanfte Babymassage. Die heilsame Berührung« gibt Ihnen dazu Anleitungen und Tips.

Streichelmassage

Wenn Ihr Kind zum Einschlafen im Bett liegt, ist eine weiche Massage mit kreisenden Bewegungen der flachen Hand besonders beruhigend. Wenn Sie dabei beachten, dass die Kreise langsam vom Kopf abwärts bis in die Bauchgegend wandern, wird die beruhigende Wirkung verstärkt.

Weist Ihr Sprössling auf eine schmerzende Stelle hin, so fragen Sie, ob ein sanftes Kreisen oder die ruhig liegende Hand angenehmer ist. Dabei wird es entweder zu einem Kribbeln, einer Wärme- oder Kälteempfindung kommen. Lassen Sie sich die auftretenden Empfindungen schildern.

Legen Sie Ihre Hand in die Gegend des Bauchnabels Ihres Kindes und lassen Sie sich die Empfindungen schildern. Nun soll Ihr Sprössling seine Hand unter Ihre legen. Das Gefühl wird sich eventuell verändern, aber weiterhin deutlich sein.

Eine körperliche Beruhigung, ein Senken des Aktivitätsniveaus wirkt zugleich auch stabilisierend auf die seelische und geistige Ebene.

Wie fühlst du dich?

Haben wir überhaupt den Wortschatz, das einem anderen Menschen mitzuteilen? Mehr als die Floskeln gut, schlecht, solala oder geht schon kommen den meisten nicht über die Lippen, wenn sie nach ihrem Befinden gefragt werden. Dabei kommt man sich selbst einen Schritt näher, wenn man die Frage ernst nimmt und ein bisschen ausführlicher darüber spricht, wie man sich fühlt. Kindern fällt das nicht immer leichter, und Sie sollten sie immer wieder dazu anleiten. Vielleicht gibt es ein Tier, das sich so fühlt wie Ihr Kind, etwa eine gejagte Maus oder ein satter Kater, eine müde Schnecke oder ein hüpflebendiger Frosch. Oder vielleicht trifft einer der folgenden Vergleiche die Stimmung und Befindlichkeit Ihres Kindes, etwa wenn es sich gespannt wie ein Flitzebogen, ausgeleiert wie eine alte Brunnenpumpe oder siegreich wie die Freiheitsstatue fühlt.

Durch solche Übertragungen kommt oft etwas zur Sprache, dessen man sich selbst noch nicht richtig bewusst war. Manchmal sind dafür mehrere Umschreibungen nötig, doch einmal treffend formuliert, ist es wie mit einem Zauber. Das Reden und Sich-Mitteilen fällt leichter und man fühlt sich verstandener. Spannungen verlieren sich, man wird ruhiger und konzentrierter. Gerade bei Kindern funktioniert das sehr gut.

Muskeln spüren

Es gibt keinen Gedanken, den unsere Muskeln nicht »mitdenken«, jeder Gedanke bewirkt eine muskuläre Mitreaktion. Stress sorgt genauso wie falsche Haltung dafür, dass sich die Muskeln verspannen und sich ein latentes Schmerzgefühl breitmacht, was wiederum die Konzentration stört und uns nicht zur Ruhe kommen lässt.
Bei den folgenden Übungen geht es vor allem darum, das sich nach einer starken Anspannung anschließend entwickelnde angenehme Entspannungsgefühl bewusst zu genießen und so besser innere Ruhe und Ausgeglichenheit zu finden.
Auch eignen sich die folgenden Übungen zur Senkung eines hohen Aktivitätsniveaus und sind damit eine ideale Überleitung ins autogene Training (siehe Seite 44). Besonders Kinder brauchen oft ein paar bewegungsintensive Übungen oder Spiele, um danach besser zu Stille und Entspannung zu finden.

Schon früh sollte Ihr Kind seine Körperbereiche kennenlernen, an sich selbst erfahren, wo welche Organe, Knochen und Muskeln sind. Das hilft ihm zu einem selbstverständlichen und positiven Selbstbild.

Schneestern

Die meisten Verspannungen finden wir an der Körperrückseite. Die ideale Ausgangsstellung zum Muskelspüren ist also auf dem Rücken liegend auf einer festen, aber nicht unangenehm harten Unterlage. Die Beine sind ausgestreckt und leicht gespreizt, die Arme liegen neben dem Körper mit den Handflächen nach oben.
Wissen Sie noch, wie man sich in den Schnee legt und einen Stern macht? Genauso soll Ihr Kind das jetzt nachmachen. Erst drückt es die nah am Körper liegenden Arme ganz fest auf die Unterlage. Die

Die Sinne entdecken

Handrücken zeigen dabei nach unten und die Daumen nach außen. Gedrückt wird so fest wie mögliche, ohne dass es Schmerzen bereitet. Bitte dabei den Atem nicht anhalten. Dann werden die Arme eine Hand breit weiter nach außen gelegt und wieder fest auf die Unterlage gedrückt. Wieder wird so fest und so lange wie möglich gedrückt. So geht es Handbreit um Handbreit weiter, bis schließlich die Daumen über dem Kopf aneinander stoßen.

Schmerzen wegblasen

Wenn Ihr Kind Verspannungen in Schultern und Rücken hat, hat es sie jetzt zumindest in einer der Armstellungen gespürt. Lassen Sie sich von Ihrem Kind zeigen, in welcher Stellung es am unangenehmsten war. Diesen Schmerz wollen wir nun wegblasen, jeden Tag ein bisschen mehr. Ihr Kind soll jetzt die Stellung einnehmen, in der ihm das Herunterdrücken der Arme am unangenehmsten war. Dabei können

Ihr Kind wird schnell entdecken, dass seine Hände und Arme wärmer geworden sind. Dies resultiert aus der zunehmenden Entspannung der Schulter- und Nackenmuskulatur. Ist die Schulter- und Nackenmuskulatur verkrampft, so reizt sie die den Arm versorgenden Nerven und engt die Blutgefäße ein.

An einer ruhigen Stelle in freier Natur lassen sich Körperübungen noch besser durchführen.

beide Arme durchaus unterschiedlich liegen, einer vielleicht weiter abgespreizt als der andere.

Jetzt erst einmal ganz tief Luft holen, noch etwas tiefer - vielleicht passt noch ein bisschen mehr Luft in die Lunge. Nun ganz langsam ausatmen schschschschschsch…

Beim Ausatmen so fest wie möglich die Arme auf den Boden drücken, so lange, bis das letzte Restchen Luft langsam ausgepustet wurde. Danach wieder ganz tief einatmen, die Arme entspannen und beim Ausatmen die Arme wieder fest auf die Unterlage drücken.

Diese Übung wird ein paarmal wiederholt, vielleicht zwei- bis viermal. Anschließend sind die Arme wohlig schwer und entspannt.

Beingrätsche

Die gleiche Übung macht man bei Schmerzen im unteren Rücken und Kreuzbereich mit den Beinen. Auch sie werden immer ein bisschen mehr abgespreizt, wobei die Fußspitzen leicht nach außen zeigen. So lässt sich feststellen, welche Beinstellung die unangenehmste ist. In dieser Stellung wird nun wie oben mit den Armen beschrieben mit den Beinen verfahren, um die Schmerzen wegzublasen.

Bauchaufzug

Zur Entspannung und gleichzeitig zur Kräftigung der Bein- und Bauchpartie dient diese Übung. Bequem auf dem Rücken liegend, werden die Knie so weit wie möglich an die Brust herangeholt. Die Arme liegen dabei neben dem Körper auf dem Boden und dürfen ein wenig beim Abstützen helfen. Die Zehenspitzen zeigen in Richtung Nase. Nun tritt der rechte Fuß auf den linken. Der linke Fuß will sich nicht wegtreten lassen und drückt kräftig dagegen. Während sich die beiden Füße ihren Platz streitig zu machen versuchen, wird ganz langsam ausgeatmet. Danach die Beine locker hochstrecken, ausschütteln und dabei tief Luft holen. Jetzt versucht der linke Fuß, den rechten wegzudrücken, während wieder langsam ausgeatmet wird.

Schon das Erspüren einer zunehmenden Anspannung der Schulter- und Nackenmuskulatur, bevor die Hände einschlafen oder der Kopf zu hämmern beginnt, ist schon ein Erfolg von Stille- und Entspannungsübungen.

Mit Yoga zu Stille und Entspannung

Kindgerecht durchgeführt, vermittelt Yoga schon Kleinkindern Stille- und Entspannungserfahrungen.

Yoga ist eine Entspannungstechnik, bei der die Muskeln gestreckt werden. Sie ist sehr stilleintensiv und fordert ein gewisses Maß an Konzentrationsfähigkeit.

Es gibt Tage an denen einem die auf Suggestion und Vorstellung basierenden Übungen nicht gleich so recht gelingen wollen. Dann sind diese mehr körperlich orientierten Übungen ein guter Start in Stille und Entspannung.

Besonders Yoga-Übungen bieten hier viele wirkungsvolle Hilfen. Sie führen zu Stille und innerer Ausgeglichenheit.

Hier folgen die wichtigsten einfachen Yoga-Übungen. Diese gymnastisch betonten Yoga-Übungen steigern die Beweglichkeit der Gelenke und verbessern die Durchblutung. Sie sorgen für mehr Ausgeglichenheit und fördern die Freude am eigenen Körper und seinen Bewegungen. Vielleicht machen Sie gemeinsam mit Ihrem Kind täglich eine, eventuell vor den Hausaufgaben. Wichtig bei den Yoga-Übungen ist, dass sie regelmäßig durchgeführt werden.

Ein ruhiger Geist erleichtert die Entspannung des Körpers. Ebenso erleichtert ein entspannter Körper die Entspannung des Geistes.

Die Yoga-Übungen werden auf einer bequemen Unterlage durchgeführt. Ihr Kind sollte bequem und warm genug angezogen sein. Brillen bitte absetzen.

Um die Aufmerksamkeit Ihres Kindes während der Übung am Körper zu halten, helfen Fragen wie: »Spürst du deine Füße, spürst du, wie dein Atem den Körper dehnen will, welchen Muskel spürst du am deutlichsten?«

Die exakten Yoga-Sitzstellungen erfordern ein ausdauerndes Üben. Den Fersensitz und den Schneidersitz sollte jedoch jedes Kind beherrschen. Beweglichkeit von Füßen, Knien und Hüfte werden aufgebaut und erhalten. Werden diese Sitzarten häufig in Situationen, bei denen es um besondere Konzentration und innere Stille geht, eingenommen, so baut sich zunehmend eine Verhaltensgewohnheit auf, die von vorneherein Konzentration und Stille erleichtert.

Die Katze

Auf Knie und Hände gestellt, wobei die Fingerspitzen etwas nach innen zeigen, wird ein Katzenbuckel und ein Eselsrücken gemacht. Beim Katzenbuckel neigt sich der Kopf nach unten, der Rücken aufwärts. Beim Eselsrücken wird der Kopf gehoben, der Rücken zum Hohlkreuz geformt. Die Bewegungen sollen sehr langsam durchgeführt werden, damit Ihr Kind Gelegenheit hat, die von Wirbelsäule, Gelenken und Muskeln ausgehenden Empfindungen zu erleben. Anfänglich können Sie die Konzentration erleichtern, indem Sie von Katzen erzählen: wie sie bei Gefahr den Rücken buckeln und die Haare aufstellen, um sprungbereit zu sein und größer auszusehen. Oder von dem armen Esel, dessen Rücken sich unter der großen Gepäcklast biegt.

Viele der Yoga-Übungen haben Tiernamen. Die Geschmeidigkeit und das Bewegungsvermögen des jeweiligen Tiers steht im Mittelpunkt der verschiedenen Übungen.

Die Waage

Bereits das Ausstrecken eines Armes nach vorn fordert eine fein abgestufte Gewichtsverlagerung und ein ständiges Ausbalancieren des Körpergewichts. Wird dazu noch das Bein der entgegengesetzten Seite nach hinten ausgestreckt, so muss das Kind schon ganz bewusst bei seinem Körper sein, um nicht umzufallen. Wird auch diese Übung sicher beherrscht, so kann ein vorsichtiges Anschubsen oder leichtes Drücken, das erst mit, später ohne Vorwarnung wegfällt, das Gleichgewicht zusätzlich trainieren. Wenn Sie Ihr Kind bei diesen Übungen nicht überfordern und darauf achten, dass sein Atem gleichmäßig fließt, so führt sie in eine körperliche Stille, die zunehmend auch den Geist beruhigt.

Fällt es Ihrem Kind schwer, den Atem zu beruhigen, so hilft langsames Ausatmen auf einen Vokal oder summen mit der Zielsetzung, das Ausatmen so lange wie möglich zu dehnen.

Durch diese Bildhaftigkeit der Übungen und durch Verknüpfen der Haltungen mit kleinen Geschichten ist Yoga auch sehr gut mit kleineren Kindern durchführbar.

Der Baum

Auch hier wird wieder durch die Gleichgewichtsreaktion das Bewusstsein am Körper gehalten. Dies lenkt vom stressenden Denken ab, führt zu innerer Ruhe.

Im Stand, die Füße dicht bei einander, werden die Handinnenflächen über dem Kopf aneinandergelegt und anschließend so weit nach oben geschoben, wie es gerade noch angenehm ist. Fällt es Ihrem Kind leicht, diese Stellung zu halten, so soll es nun vorsichtig versuchen, eines der Beine zu heben und dabei mit der Fußsohle an der Innenkante des anderen Beines langsam hochzugleiten. Das Knie des gebeugten Beines sollte so weit wie möglich zur Seite zeigen.

Kommt Unsicherheit auf, so schiebt es den Fuß wieder etwas zum Boden, oder stellt ihn zwischendurch auch einmal ganz auf, bis wieder die innere Ruhe für einen neuen Übungsanlauf gefunden ist.

Fällt das Hochhalten der Arme zu schwer, so übt man erst einmal mit herabhängenden oder auch zur Seite gestreckten Armen. Die Übungen sollen generell so gestaltet werden, dass sie fordern und gleichzeitig ein Erfolgserlebnis gewähren.

Der Pfeil

Eine weitere meditative Gleichgewichtsübung des klassischen Yoga. Auf einem Bein stehend wird der Fuß des anderen Beines mit der gleichseitigen Hand gefasst. Der Arm des Standbeines wird nach oben ausgestreckt. Yogis halten derartige Stellungen über Stunden, um zu demonstrieren, wie sicher sie in sich ruhen. Der Atem wird dabei immer langsamer und tiefer, denn hektischer Atem reißt den Körper immer wieder aus dem Gleichgewicht.

Wie bei allen anderen Yoga-Übungen auch, kann Ihr Kind die Atemruhe besser finden, wenn es langsam summend tief und lange ausatmet. Über die Vertiefung des Ausatmens erreicht es automatisch auch eine Vertiefung des Einatmens. Umgekehrt funktioniert das jedoch nicht.

Verschiedene Darstellungen

Nun folgen die wichtigsten Dehnübungen. Sie halten den Körper elastisch und führen den Atem bis in die letzten Winkel der Lungen. Auch hier gehört das bewusste Ausatmen zur Übung, sobald sie im Prinzip beherrscht wird. Bitte nicht zu viel auf einmal vom Kind verlangen, alles soll Spaß machen und aus den unangenehmen Erfahrungen des Alltags herausführen. Wer lernt, in sich zu ruhen, der findet auch seine Stille.

Die Drehübung

Auf der rechten Seite liegend, wird das unten liegende, rechte Knie zur Brust hochgezogen, wo es liegen bleibt. Nun wird der Oberkörper auf den Bauch gedreht, die Arme liegen abgewinkelt in U-Haltung neben dem Kopf. Der Kopf führt die Drehbewegung noch weiter, so dass er auf dem linken Ohr zu liegen kommt. Jetzt ist die Wirbelsäule maximal gedreht und keines der kleinen Wirbelgelenke

Überfordern Sie Ihr Kind nicht. Yoga sollte regelmäßig geübt werden, aber in erster Linie muß es ihm Spaß machen. Verzichten Sie lieber einmal ganz auf die Übung mit Ihrem Kind, wenn es nicht gut drauf ist.

Kinder sind um einiges gelenkiger als Erwachsene. Sie haben großen Spaß am Yoga, denn die nicht alltäglichen Figuren und Körperhaltungen fallen ihnen nicht schwer.

kann mehr blockieren. Auch im Schulterbereich ist jetzt die entspannende Wirkung dieser Drehübung zu spüren.

Durch Heranziehen der Ellbogen an den Körper wird die Belastung der Schultern gemindert. Schmerzt der Rücken ein wenig, so kann das unten liegende, also das rechte Knie etwas gestreckt werden. Jetzt wird die Drehung langsam aufgelöst, bis Ihr Kind auf dem Rücken liegt. Danach wird zur anderen Seite gedreht.

Die Kobra

Das Kind liegt auf dem Bauch und stützt sich auf Ellbogen und Unterarme. Nun soll es ein paar langsame, tiefe Atemzüge machen und dann mit dem Einatmen in die maximale Streckung der Brustwirbelsäule gehen, indem es die Unterarme vorsichtig streckt. Niemals ganz durchstrecken! Der untere Rippenbogen muss aufliegen bleiben. Die Lendenwirbelsäule wird also nicht mitgestreckt. Diese Stellung wird nur für die Dauer des Einatmens gehalten. Die Übung wird maximal dreimal wiederholt. Die Elastizität der Brustwirbelsäule und der Bandscheiben steht im Vordergrund dieser wichtigen Übung.

Der Panther

Bei dieser Übung sitzt das Kind im Fersensitz, d. h. es setzt sich vom Kniestand einfach nach hinten auf seine Fersen. Die Knie werden jetzt gespreizt, soweit es noch als bequem empfunden wird, die Füße bleiben dabei jedoch ganz zusammen.

Nun werden die Hände hoch in die Luft gereckt, und das Kind beugt sich langsam in der Hüfte nach vorn. Der Kopf bleibt dabei zwischen den Armen, die Arme sind langgestreckt. Ist die maximale Neigung erreicht, wird die Stellung kurz ausgehalten.

Treten Schmerzen oder ein unangenehmes Spannungsgefühl in den Armen auf, so können die Ellbogen und Schultern leicht angewinkelt werden. Die Anspannung lässt dann nach. Genauso langsam, wie Arme und Oberköper nach vorn geneigt wurden, kehrt das Kind in die

---

Die gymnastisch betonten Körperübungen des Yoga sorgen für bessere Durchblutung aller Organe, sie beleben, erfrischen und fördern die Beweglichkeit. Sogar kleine Fehlhaltungen lassen sich durch diese Übungen positiv beeinflussen.

Ausgangsstellung zurück. Die Arme sind jetzt wieder senkrecht nach oben gestreckt. Bei dieser Übung ist wichtig, dass das ruhige Weiteratmen nicht vergessen wird!

Der Halbmond

Durch diese Übung werden Wirbelsäule, die Hüfte und die Schultern beweglicher. Sie kann stehend oder liegend ausgeführt werden, indem Beine, Rumpf und Kopf ohne Drehung so weit wie möglich erst zur einen, dann zur anderen Seite geneigt werden.
Zur Krönung wird der Arm der gedehnten Seite über den Kopf gelegt. Bitten Sie Ihr Kind, sich mit geschlossenen Augen wieder gerade zu legen. Wenn die Übung in ausreichender Intensität gemacht wurde, wird es jetzt ein wenig zur zuletzt beübten Seite neigen. Das ist der beste Beweis dafür, dass die Muskulatur entspannter ist.
Auch für diese wie für alle anderen Yoga-Übungen gilt: Atmen nicht vergessen. Durch langsames, tiefes Ein- und Ausatmen werden die Übungen noch verstärkt und führen schneller zu Stille und Entspannung.

Der Storch

Eine Übung für den Gleichgewichtssinn. Außerdem werden Rumpf- und Beinmuskulatur gefördert.
In stehender Ausgangsposition fassen sich die Hände hinter dem Rücken, die Arme hängen locker herunter. Jetzt wird ein Fuß ungefähr eine Schrittlänge nach hinten gesetzt, das Gewicht verlagert sich auf das vordere Bein, während das hintere so hoch wie möglich angehoben wird. Zum Ausgleich dazu beugt sich der gestreckte Oberkörper nach vorn. Die Knie von beiden Beinen sind nicht durchgestreckt, die Beine werde mit mäßiger Anstrengung gerade gehalten. Das Kinn und das nach hinten ausgestreckte Bein zeigen nun so weit wie möglich nach oben, ohne dass ein Hohlkreuz gemacht, der Rücken also gerade gehalten wird.

Yoga vermittelt Stille und Entspannung. Regelmäßig geübt und angewandt hilft es, überreizte Nerven zu beruhigen und Ängste abzubauen. Es sorgt gerade bei Kindern für mehr Ausgeglichenheit und größeres Selbstbewusstsein.

Hauptproblem Stress

Als Stress bezeichnet man eine als körperliche und seelische Überforderung empfundene Belastung. Die Zeitdauer des Empfindens wirkt dabei stressverstärkend. Dabei ist es völlig unbedeutend, wie andere Menschen die gleiche Situation empfinden. Auch ob die Stressursache eingebildet oder real ist, verändert nichts an den psychischen und körperlichen Reaktionen.

So funktioniert Stress

Gefahren für Leib und Leben standen vor einigen Jahrhunderten im Vordergrund des Denkens unserer Vorfahren. Daher rührt es, dass unser Körper manchmal immer noch so reagiert, als wäre bereits jede als Beleidigung oder Überforderung empfundene Aussage unseres Gegenübers die Vorstufe einer körperlichen Bedrohung. Stresshormone werden ausgeschüttet, um Muskulatur und Kreislauf fit für einen Angriff oder für die plötzliche Flucht zu machen. Der Köper muss blitzschnell ohne langes Überlegen reagieren können. So wird klares und logisches Denken unter Stress schwierig und Lernen fast unmöglich. Während der Entwicklung zum Erwachsenen bekommt man dieses Problem mit der Zeit besser in den Griff, aber für unsere Kinder ist alles noch um ein Vielfaches schwieriger.

Disstress und Eustress

Neben diesem Stress, der auch als Disstress bezeichnet wird, steht der Eustress als Entwicklungsmotor. Er motiviert Neugierde, Entdeckungsfreude, hilft Angst überwinden und stachelt sogar die Bereitschaft an, sich mit einer überschaubaren Gefahr auseinanderzusetzen und sich mit anderen zu messen.

Das Rangeln, Kräftemessen und spielerische Üben von Kämpfen hat nur noch symbolische Funktion. Zur Lösung von Konflikten werden andere Methoden eingesetzt.

Stress, so wird angenommen, hat seine Hauptfunktion als Aggressions- und Fluchtauslöser verloren. Heute gibt es keine Beute mehr zu verteidigen und keine Feinde mehr, die dem Menschen gefährlich werden könnten.

Doch auch Eustress, der über Stunden anhält, kann durchaus in Disstress übergehen und damit unerwünscht oder gar gefährlich werden.

So äußert sich Stress

Stressauslöser ist eine reale oder eingebildete Gefahr, die das folgende Körpermuster bewirkt:
- Anhaltende Anspannung, also Verspannung, in erster Linie der Schulter- und Nackenmuskulatur

Mögliche Spätfolge bei Dauereinwirkung: Durchblutungsstörungen im Kopf- und Armbereich führen zu Kribbeln und Einschlafen der Hände, Kopfschmerzen, Schlafstörungen, Konzentrationsstörungen, Reaktionsverlangsamung, Lustlosigkeit und chronischer Müdigkeit. Erhöhte Aggressionsbereitschaft. Ständig verspannte Rückenmuskulatur

- Oberflächliche, meist beschleunigte, Atmung

Mögliche Spätfolge bei Dauereinwirkung: Bronchialkrämpfe und Asthma

- Erhöhte Herzschlagfrequenz

Mögliche Spätfolge bei Dauereinwirkung: Herzrasen und Herzstolpern, Blutdruckanomalien

- Verlagerung des energieliefernden Blutes in die Körpermuskulatur

Mögliche Spätfolge bei Dauereinwirkung: Bauchorgane und Gehirn werden nicht mehr ausreichend durchblutet

- Krampfhafte Anspannung der Gesichts- und Kiefermuskulatur, starrer Blick

Mögliche Spätfolge bei Dauereinwirkung: Zähneknirschen, Verschlechterung der Sehfähigkeit

Da sich diese Anspannung auch auf die Nackenmuskulatur überträgt, die dann wiederum die Blutgefäße zum Kopf einengt, hat hier oft kindlicher Kopfschmerz seinen Ursprung.

Stress kann sich bei Kindern in verschiedenen Verhaltensweisen äußern. Am häufigsten sind stereotypes Verhalten, also eine immer wiederkehrende Bewegung meist in Form von Schaukeln, aggressives Verhalten und Phobien bzw. Angstträume.

Stille und Entspannung helfen gegen Stress

Wenn man die Lage einzuschätzen vermag und bereits mit einer gewissen Entspannung in eine stressende Situation hineingeht, so wird die Ausschüttung der Stresshormone von vornherein geringer und die Situation besser bewältigbar sein.

Beobachten Sie eines dieser körperlichen Zeichen bei Ihrem Kind über einen längeren Zeitraum, so ist ärztliche Hilfe erforderlich.

Doch so weit muss es nicht kommen. Vermitteln Sie Ihrem Kind die Erfahrung von Stille, Entspannung und Ausgeglichenheit.

Wird richtig geübt, so setzt die Entspannungsreaktion während der Stilleübungen auf verschiedenen Ebenen ein.

So bewirkt z. B. die Beruhigung der Atmung allmählich ein Absinken der Herzfrequenz. Mit der Beruhigung der Herzfrequenz tritt eine Entspannung der Muskulatur ein. Die Entspannung der Muskulatur führt wiederum zu einer Weitung der Blutgefäße und damit zu einer Verbesserung der Durchblutung. Dies bewirkt dann ein Wärmeempfinden und das Nachlassen von Schmerzzuständen, die auf einer Mangeldurchblutung basieren.

Ebenso könnte man die Übung auch von der Muskelentspannung oder dem Wärmeempfinden im Bauchraum ausgehend aufbauen. Wichtig ist lediglich, dass möglichst viele der oben aufgelisteten Stressäußerungsbereiche beruhigend angesprochen werden.

Stress beginnt im Kopf

Bitte bedenken Sie, Ängste und Stress fangen immer im Kopf an. Entweder sind wir von vorneherein der Ansicht, dass etwas angsterregend oder stressig ist, oder unser Unterbewusstsein fühlt sich an eine vergleichbare, stresshaft erlebte Situation erinnert und reagiert entsprechend ungünstig.

Vor allem wenn wir nicht immer wieder voll bewusst die Reaktionen unseres Körpers und Geistes kontrollieren, gleiten wir schnell in ein hektisches Verhalten. Besonders wenn wir der Ansicht sind, dass es ohne uns nicht geht.

Unser Unterbewusstsein speichert jede unserer Handlungen. Sobald ein ähnliches Vorgehen erforderlich ist, wird das bereits zuvor verwendete Verhaltensmuster eingesetzt. Dies lässt sich nur dadurch verhindern, dass wir unseren Körper und unsere Gedanken gezielt beobachten und lenken. Aber selbst dann kann es sein, dass unser Kind oder auch wir zu stottern beginnen oder feuchte Hände bekommen, weil dieses Verhaltensmuster bereits sehr häufig ablief. Die bessere Verhaltensweise muss dann erst mehrfach geübt werden.

Die gegenteilige Erfahrung machen häufig Autofahrer, die erst beim Aussteigen merken, dass die Straße stellenweise spiegelglatt war. Noch vor kurzem keine Gefahr ahnend, fuhren sie mutig drauflos, jetzt werden ihnen die Knie weich.

Stress blockieren lernen

Angst und Stress spielen sich also in erster Linie im Kopf ab. Unser Körper reagiert auf Grundlage seiner Vorerlebnisse. Stehen keine vergleichbaren Vorerlebnisse zur Verfügung, so wird sicherheitshalber mit Angst und Stress reagiert. Dies ist verständlicherweise bei unseren an Lebenserfahrungen noch armen Kindern besonders häufig der Fall.

Ob wir oder unsere Kinder ängstlich, nervös, gestresst, aggressiv und depressiv reagieren oder freudig, ruhig und gelassen, das hängt von den in unserem Unterbewusstsein gespeicherten Erfahrungen und Bewertungen ab. Geben Sie Ihren Kindern ein Mittel zur Abwehr gegen Stress mit auf den Lebensweg: Konzentrationsvermögen und innere Ruhe durch Stille- und Entspannungsübungen. Ein paarmal kräftig durchatmen, ruhig Blut bewahren und Schritt für Schritt ein Problem oder eine unbekannte und somit primär bedrohliche Situation angehen zu können ist schon deren halbe Bewältigung.

Sich den schlimmsten möglichen Ausgang bewusst zu machen und für diese Situation eine Bewältigungsstrategie zu erarbeiten, nimmt den meisten Bedrohungen ihren Schrecken! Das jeweilige Vorgehen sollte man mit dem Kind vor der zu erwartenden Situation planen.

Zur Stressbewältigung gehört auch die Erfahrung. Kinder haben natürlich noch nicht so viel Erfahrung mit Stress- und Konfliktsituationen, die sie daher stärker belasten. Andererseits verfügen Kinder meist über eine bessere innere Konfliktbereinigung.

Kraft tanken

Die in Bezug auf Energien bestehende Verbindung zwischen der Natur und dem Menschen wird von Kindern noch deutlich gespürt.

Noch vor wenigen Jahren von vielen belächelt, ist es heute eine weit verbreitete Überzeugung, dass Menschen an Energieflüssen, die rund um die Erde bestehen, teilhaben und durch sie Kraft erlangen können. Bei messbaren magnetischen oder elektromagnetischen Wellen besteht darüber kein Zweifel.

Alte mystische Lehren schreiben bestimmten Orten, Steinen, Gegenständen, Menschen, Tieren und auch Pflanzen eine kräftigende und heilende Ausstrahlung zu. Die zunehmend feiner werdenden elektronischen Messvorrichtungen bestätigen dies. Schaden kann die intensive gedankliche und körperliche Verbindung mit diesen »Kraftquellen« nicht. Ob und wie sie uns helfen, ist dem Empfinden jedes einzelnen überlassen. Beobachten Sie es am Besten an sich selbst und an dem Verhalten Ihres Kindes. Es sind erstaunliche Erfahrungen möglich. Durch regelmäßiges Üben erhöht sich unser Empfinden und bahnt den Weg zu wunderbaren und tiefen Erlebnissen.

Eine Möglichkeit der Stilleerfahrung und des Krafttankens ist die Umarmung oder das Anlehnen an einen Baum. Je größer der Baum, desto deutlicher ist meist die Empfindung.

Kinder haben dazu oft eine erstaunliche Geduld, weil sie noch mehr als wir Erwachsenen in der Lage sind, die dabei fließenden Kräfte zu spüren. Manchen Kindern macht das Krafttanken noch mehr Spaß, wenn sie dem Baum auch von ihrer eigenen Kraft geben dürfen.

Auch Tiere und Pflanzen kann man mit dem Bestreben streicheln, ihnen Kraft zu vermitteln. Dabei ist keine direkte Berührung erforderlich. Selbst bei einigen Zentimetern Abstand reagieren Tiere deutlich.

Bei diesen Techniken wird ein Energiekreislauf geschlossen, der beide, Kind und Pflanze oder Kind und Tier, mit Energie auflädt. Besonders bei Pflanzen lässt sich ein deutlicher Wachstumsschub im Vergleich zu nicht so liebevoll behandelten erkennen.

Ein Kind spürt instinktiv, dass derartiges Handeln Ruhe braucht, und es genießt die Stille, die dabei herrscht.

In diese Ebene gehört auch die heilende Stille, die »Händchen halten« in Stress- und Angstsituationen schenkt.

Die Geschichte vom starken Baum

»So ein Baum steht immer draußen. Er steht draußen, wenn es regnet. Er steht draußen, wenn es schneit. Er steht draußen, wenn die heiße Sonne scheint, und er steht draußen, wenn der Sturm kommt und ihn brechen will. Aber der Baum ist stark, genauso wie du auch. Das macht ihm alles gar nichts aus. Er steht gern draußen und fühlt sich wohl. Genauso wie du auch gern bei Wind und Wetter nach draußen gehst und dem Wind zeigst, wie stark du bist.
Wenn du den großen, starken Baum jetzt in deine Arme nimmst, dann kannst du ihm etwas von deiner Kraft geben – und er gibt dir etwas von seiner Kraft. Nehmt euch ruhig fest in die Arme, ihr beiden Starken. Schau, ich mache es genauso, das gibt auch mir Ruhe und Kraft.«

Ich bin ein...

Auch die Vorstellung etwas zu sein, öffnet in jedem von uns innere Kraftquellen.
Etwa ab dem sechsten Lebensjahr kann die folgende Vorstellungsübung als Übung zur Stille und zum Krafttanken eine Hilfe sein. Beim Lernen etwa sollte Ihr Kind nach ca. 20 Minuten jeweils eine kurze Unterbrechungspause zur Entspannung einlegen, dann kann kein Lernstress aufkommen.
»Stell dich einmal bequem hin. Stell dir vor, jemand nimmt ein Haar von der Mitte deines Kopfes und zieht es ganz vorsichtig nach oben. Jetzt wird dein Rücken ein bisschen länger und gerader. So soll er für diese Übung bleiben.
Als nächstes stell dir vor, aus deinen Füßen würde eine große, starke Wurzel wachsen. Sie wächst in den Boden unter deinen Füßen hinein. Immer weiter und immer weiter nach unten. Durch verschiedene Erdschichten hindurch, bis sie zum Grundwasser kommt. Jetzt nimmt die Wurzel dieses gesunde Wasser auf und saugt es nach oben, in deinen Körper hinein. Da freut sich jede der vielen Zellen deines

---

Pausen während des Lernens sind wichtig. Auch wenn Ihr Kind konzentriert arbeitet, sollte es nicht stundenlang über Hausaufgaben und Lernstoff brüten. Animieren Sie es ab und an zu einer kleinen Pause, so kann es desto lockerer weiterarbeiten.

Kraft tanken

Geschichten, die Kindern helfen, sich mit Tieren, Pflanzen oder Gegenständen zu identifizieren, können bei ihnen Willens- und Kraftpotentiale wecken.

Körpers und bekommt neue Kraft. Dann gräbt sich die Wurzel noch weiter nach unten. Das fällt ihr leicht, denn es ist deine Wurzel und du bist stark und wirst immer stärker. Jetzt kommt sie bis zum Mittelpunkt der Erde. Dort ist es zwar sehr warm, aber der Wurzel gefällt das. In der Mitte der Erde schwimmen alle wichtigen Bausteine für einen gesunden Körper. Du siehst und spürst in deiner Vorstellung, wie deine Wurzel genau das heraufholt, was dein Körper braucht, um stark und gesund zu sein. Es hat eine Farbe, du kannst sie erkennen. Du siehst, wie die Farbe in deine Beine fließt. Wenn dort alles farbig ausgefüllt ist, dann steigt die Farbe immer weiter, bis dein ganzer Bauchraum damit ausgefüllt ist. Dann wird die Brust ausgefüllt, und anschließend beobachtest du, wie die Farbe in deine Arme fließt. Nur dein Kopf bleibt ganz hell und weiß.

Wenn jede Zelle deines Körpers genug Kraft getankt hat, dann schenkst du das Übriggebliebene der Welt. Du beobachtest, wie die Farbe als feiner Nebel über deine Haut nach außen verdunstet. Jetzt

Stark sein und unerschütterlich fest stehen wie ein Baum, diese Vorstellung lässt Kräfte fließen und stärkt das Selbstvertrauen.

hast du genug Energie getankt, kannst deine Wurzel wieder zurückziehen und gekräftigt weiterlernen. Damit es sich auch alle deine Zellen merken, sprichst du noch die Zauberformel **Ich bin hellwach und frisch, topfit im Kopf.**«

Fragen Sie Ihr Kind nach der Übung, welche Farbe es sich vorgestellt hat. Hellere Farben im Rot- Orange- und Gelbbereich wirken anregend, während Grün, Blau, Lila oder Violett beruhigend wirken.

Vorstellungsübungen helfen

Wenn Ihr Kind zwischendurch etwas Bewegung und Aktivität vor einer Stillephase braucht, so kann die Vorstellung, ein Tier zu sein, helfen. Lassen Sie es in der Vorstellungsübung ein flinker und kräftiger Löwe sein, der erst einmal einige Runden in der Wohnung drehen darf. Dabei soll Ihr Kind durchaus auch fauchen, brüllen oder in etwas Essbares beißen.

Anschließend ist der Übergang zu etwas ruhigerem Verhalten erforderlich. Auch der aktivste Löwe hat einmal genug gebrüllt und sich müde gelaufen. Besonders wenn Ihr Sprössling einmal ein Faultier in Film oder Zoo beobachten konnte, wird es ihm leicht fallen, die Tierrolle zu wechseln und zu diesen extrem langsamen und beruhigenden Bewegungen überzugehen.

Rollenspiele, die Ihr Kind in die Welt des Verhaltens unterschiedlichster Tiergattungen führen, stärken nicht nur das Selbstbewusstsein, sie geben zudem Ihrem Kind die Möglichkeit, sein inneres Verlangen und Fürchten in eine sichtbare und zugängliche Ebene zu übertragen. Sobald ein Rollenspiel von unserem Kind als erfolgreich erfahren wird, wird dies als Erfolg im Unterbewusstsein gespeichert. Aus dem Kind, das den Löwen spielte, wird also viel eher das Kind mit dem Herzen eines Löwen.

Nicht immer wird die Antwort auf die Frage, warum Ihr Kind gerade dieses Tier sein möchte, den wirklichen Hintergrund aufdecken. Auf jeden Fall finden Sie jedoch einen Hinweis auf den Mangel, den das Unbewusste Ihres Kindes empfindet.

Werden manche Eigenschaften und Verhaltensweisen mit bestimmten Tieren verknüpft, sind sie für Kinder augenfälliger und besser vorstellbar. Bei Vorstellungsübungen sind eingängliche Bilder sehr wichtig.

Autogenes Training für Ihr Kind

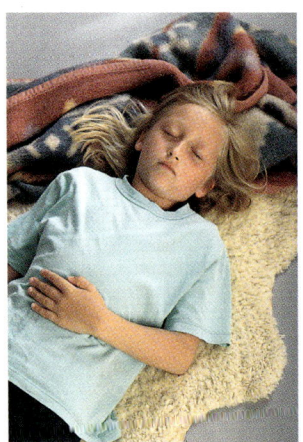

Autogenes Training sollte in reizarmer Umgebung stattfinden. Bequemes Liegen und ruhiges Sprechen helfen auf dem Weg zu Stille und Entspannung.

Autogenes Training eignet sich sehr gut als Einschlafhilfe. Durch das auftretende Wärme- und Schweregefühl entspannt sich die Muskulatur, die Blutgefäße erweitern sich, das Erregungsniveau sinkt.

Vielleicht fragen Sie sich, warum wir Ihnen diesen systematischen Weg in die Stille und Entspannung vorschlagen. Es gibt doch so viele andere Möglichkeiten mit Märchen, Geschichten, Tanz und Musik, die vielleicht sogar kindgerechter zu sein scheinen.

Für das Anliegen dieses Buches, das Eltern, Betreuern und Erziehern Hilfestellungen für den Umgang mit Kindern geben will, die zu den Ursachen und Hintergründen der kindlichen Unruhe und Angst führen sollen, sind allzu spielerisch orientierte Maßnahmen allein ungeeignet.

Unsere jahrzehntelange Erfahrung hat gezeigt, dass jene Kinder, die in ihrer Stille- und Entspannungszeit das autogene Training anwenden, sich besonders schnell und effektiv entspannen konnten. Deshalb wird diese Technik mit in das Erwachsenenalter hinüber genommen, während die meisten am kindlichen Spiel orientierten Techniken schnell der Vergessenheit anheimfallen, wenn der »Ernst des Lebens« beginnt und für »Spielereien« keine Zeit mehr zu sein scheint.

Der Gewohnheitseffekt des von Kindesbeinen an erfahrenen autogenen Trainings führt zu einem besonders sicheren Beherrschen auch in extremen Lebenssituationen.

Ergänzende Verfahren wie Selbsthypnose und Mentaltraining können dann schneller beherrscht werden.

Wärmeempfinden als erster Schritt

Erinnern Sie sich noch an die Streichelmassage, wenn Ihr Kind zum Einschlafen im Bett liegt, auf Seite 26?

Sie streicheln sanft den Bauch Ihres Kindes und lassen die Hand in der Gegend des Bauchnabels liegen. Ihr Kind soll seine Hand unter Ihre schieben. An seinem Bauch wird es nun schön warm.
Wenn Sie nun Ihre Hand wegnehmen, wird das Kind begeistert feststellen, dass auch von seinen Händen Wärme ausgeht.
Mit der Suggestion »Meine Hände und mein Bauch sind warm« lässt sich bereits eine der Formeln des autogenen Trainings einleiten. Erklären Sie Ihrem Kind, dass durch das Sprechen dieser Zauberformel oder Suggestionsformel (wählen Sie den Ausdruck je nach Alter des Kindes) der Bauch und die Hände in Zukunft immer leichter warm werden. Das hilft dann bei vielen Wehwehchen, Bauchweh, Kopfweh, Einschlafschwierigkeiten und auch bei Prüfungsängsten.

Der Bauchraum als Zentrum

Gestresste Menschen leiden häufig unter Verkrampfungen im Verdauungstrakt. Die Wärmeübung im Bauchraum wirkt hier entspannend. Sie beruhigt auch das Sonnengeflecht, das Hauptnervengeflecht für die Steuerung der Bauchorgane. Die eigentliche Formel »Mein Sonnengeflecht strömt warm« ist für kleine Kinder jedoch schwerer nachvollziehbar.

Haben Sie auf diese Weise etwa eine Woche lang mit Ihrem Kind geübt, so lenken Sie das Wahrnehmen Ihres Kindes auf das Heben und Senken der Bauchdecke beim Ein- und Ausatmen. Nach Möglichkeit sollte dabei der Atem nur beobachtet und nicht beeinflusst werden. Entdecken Sie mit Ihrem Kind das Ein- und Ausatmen. Als einfache Stilleübung soll Ihr Kind beim Einatmen mit der einströmenden Luft immer leise »ein« und beim Ausatmen mit der ausströmenden Luft »aus« sagen. Wichtig dabei ist, dass es dabei den Atemrhythmus nicht bewusst verändert.

Auch das Summen auf einen Vokal (a, e, i, o, u) beim Ausatmen vermittelt ein vertieftes Empfinden für diesen Vorgang. Das Einatmen sollte dann jeweils ganz bewusst als ein Krafttanken für den neuen Ton erlebt werden.

Die immer gleich wiederkehrende Anwendung von Beeinflussungs- oder Suggestionsformeln ist beim autogenen Training sehr wichtig. Sie können mit Ihrem Kind auch selbstformulierte Formeln verwenden, doch sollten Sie keinesfalls die Formulierungen nach einiger Zeit wieder ändern, denn sie wirken bald wie ein Signal, auf das hin die Entspannung fast schon wie von allein beginnt.

Autogenes Training für Ihr Kind

Auch in kleinen Gruppen lässt sich das autogene Training wirkungsvoll einsetzen. Die Kinder legen so oft schneller Scheu und Vorbehalte ab.

Ruhiges, gleichmäßiges Atmen ist wichtig für ein Gelingen der Stille- und Entspannungsübungen. Während die körperlich-gymnastischen Übungen zum Teil anstrengend sind und eine Erhöhung der Atemfrequenz nach sich ziehen, sollte beim autogenen Training die Atmung gleichmäßig und langsam sein, ohne dass sie willentlich beeinflusst werden muss.

Ruhe aus dem Atem

Wer gestresst ist, dessen Atem ist unruhig und oberflächlich. Allein die Atembeobachtung bewirkt schon eine zunehmende Atemvertiefung und Beruhigung. Diese Ruhe überträgt sich dann langsam auch auf alle anderen Körperfunktionen. Die Suggestion »Es atmet mich, mein Atem fließt ruhig und gleichmäßig« bestätigt dann nur etwas, was Ihr Kind bereits selbst bemerkt hat.

Verspannungen erkennen

Wer gestresst ist, dessen Muskeln sind verkrampft. Schultern und Nacken besonders. Die Entwicklung des Schweregefühls als nächste Stufe des autogenen Trainings und als Ausdruck der Entspannung der Muskulatur lässt sich am einfachsten im Anschluss an eine kräftige Muskelanspannung erleben.

Muskeln und Organe beeinflussen

Das Kind liegt dazu in Rückenlage, die Arme liegen seitlich neben dem Körper, Handflächen nach oben, die Daumen sind also nach außen gedreht. Nun soll es wie bei der Übung »Schneestern« auf Seite 27 die Arme fest auf den Boden drücken. Nach ein paar Wiederholungen sind die Arme völlig erschöpft. Gleichzeitig sind die Arme und Schultern durch die Anstrengung warm geworden.

Die Suggestion »Meine Arme sind schwer« ist jetzt von Ihrem Kind ohne Schwierigkeiten nachvollziehbar.

Erst wenn dieses Wärmegefühl aufgetreten ist, sollte auch die Formel »Meine Arme und Schultern sind schwer und warm« eingesetzt werden. Eine Suggestion ist wirkungslos oder bewirkt sogar das Gegenteil, wenn sie sich nicht mit der körperlichen Realität deckt.

Die Ruhe des Herzens finden

Wer gestresst ist, dessen Herz schlägt übertrieben schnell. Lassen Sie Ihr Kind das Ohr auf Ihre Brust legen, dass es Ihren Herzschlag hören kann. Dadurch wird es sensibler für das Fühlen des Herzschlags mit der Hand an der eigenen Brust. Vielleicht genügt auch schon eine kleine Anspannungsübung, dass Ihr Kind seinen Herzschlag deutlicher spürt. Sonst machen Sie einfach gemeinsam ein paar Kniebeugen oder steigen treppauf und treppab, bis das kleine Herz deutlich spürbar schlägt. Während Ihr Kind nun seine Hand auf die Herzgegend legt, spricht es langsam ein paarmal die Formel »Mein liebes Herz schlägt«. Hat sich das Herz wieder beruhigt, so lautet die Formel »Mein liebes Herz schlägt ruhig«. Diese Hinwendung zu einem Körperorgan bewirkt messbare Harmonisierungen der Organfunktionen.

Die Herzübung ist nicht völlig unproblematisch. Haben Sie den Eindruck, dass der Herzschlag Ihres Kindes eher unruhiger wird oder Ihr Kind sich irgendwie nicht wohl fühlt bei dieser Übung, sollten Sie sie weglassen.

Nach ein paar Wochen des Wärme- und Schwereübens, sollten Sie mit Ihrem Kind die Herzübung machen. Fühlt es sich dabei wohl und nimmt die Herzfrequenz nicht zu, können Sie diese Übung ohne Bedenken weiterhin mit Ihrem Kind durchführen.

Die Suggestionsformeln wirken durch Konditionierung, durch Verknüpfen der Aussagen mit Stille- und Entspannungserfahrungen. Die Formeln erinnern an die angenehme Situation und beeinflussen den Körper dergestalt, dass der bereits erfahrene Entspannungszustand schneller erreicht wird.

Zubeißen kann nur, wer auch loslässt

Wer gestresst ist und zu kämpfen hat, der beißt die Zähne zusammen und verkrampft die Kiefermuskulatur. Er knirscht vielleicht sogar im Schlaf mit den Zähnen. Lächelt man, ist all dies nicht möglich. »Ich lächle« heißt die Formel, die Sie Ihrem Kind vermitteln sollten, und die von einem bewussten Lächeln begleitet werden sollte.

Klarer Kopf

Wer gestresst ist und in Hektik kommt, dem wird schnell heiß und der Schweiß rinnt ihm von der Stirn. Die Formel »Meine Stirn ist angenehm kühl« schließt die suggestiven Ruheimpulse dieser Stilleübung ab. Sie bewirkt eine Harmonisierung der Durchblutungsverhältnisse im Kopf.

Suggestionen wirken lassen

Wie oft Sie die einzelnen Suggestionen wiederholen und vom Kind wiederholen lassen, hängt von der Reaktion Ihres Kindes ab. Haben Sie den Eindruck, dass es wieder unruhiger wird – dazu beobachten Sie am Besten den ganzen Körper, und ob Ihr Kind die Augen locker geschlossen hält –, dann wechseln Sie über zur nächsten Formel. Vielleicht ist es auch schon nach einer Übung genug.
Die meisten Kinder finden diese Übungen sehr angenehm und genießen die Stille und Entspannung, die sie dadurch erfahren.

Stillegeschichten des autogenen Trainings

Das autogene Training ist eine autosuggestive Technik, die Kindern am Besten in Form von Geschichten vermittelt wird, in die die Sug-

gestionsformeln eingebaut sind. Zu jeder Formel gehört eine Geschichte. Die Geschichten nacheinander erzählt, vermitteln Ihrem Kind die Stille und Entspannung, die es dann mit Hilfe der Suggestionsformeln immer wieder selbst für sich erlebbar machen kann.
Erzählen Sie die Geschichten am Besten abends im Bett. Dort liegt Ihr Kind bequem und kann getrost die Augen schließen. Wollen Sie tagsüber eine autogene Stillegeschichte erzählen, sollte Ihr Kind auf einer weichen, wärmenden Unterlage liegen, etwa einem Teppich oder einer Matte, und das Zimmer sollte leicht verdunkelt sein. Kindern fällt es dann leichter, die Augen zu schließen und sich auf die Stille zu konzentrieren.

Die Wärmegeschichte

»Sicher kannst du dich noch an unseren Urlaub am Meer erinnern. Du lagst am Strand in dem herrlich warmen Sand. Stell dir vor, du liegst jetzt am Strand. Spürst du, wie warm der Sand ist? Es ist ein warmer, weicher Sand. Du liegst ganz bequem in diesem warmen, weichen Sand. Du spürst die Wärme und das Weiche auf deiner Haut.
Die Sonne scheint. Es ist rundherum warm. Die Sonne scheint auch auf deinen Bauch. Dorthin, wo meine warme Hand jetzt liegt. Du spürst, wie angenehm warm es in deinem Bauch und deinem ganzen Körper wird.
Ein schöner, warmer Tag. Es ist ein schönes Gefühl, diese Wärme überall zu spüren. Du fühlst dich sehr wohl dabei.
Es wird Mittag, die Sonne steigt und es wird immer noch ein bisschen wärmer. So wohl hast du dich schon lange nicht mehr gefühlt.
Du liegst ganz faul da, spürst die angenehme Wärme und hörst das Rauschen der Wellen. Du hast die Augen geschlossen, atmest ganz ruhig und genießt die Wärme. Alles ist ruhig und angenehm.
Damit das morgen Abend auch so gut klappt, sagen wir von jetzt ab immer eine Zauberformel, die heißt ganz einfach **Mein Bauch ist warm.**«

Für kleinere Kinder sollten die Formeln des autogenen Trainings in Geschichten verpackt sein. Mit ihrer Phantasie können sie die Zauber- bzw. Suggestionsformeln so spielerisch zur Wirkung bringen, ohne sich angestrengt konzentrieren zu müssen.

Wichtig bei dieser Übung ist, dass Ihr Kind auch wirklich Wärme spürt. Wenn Sie also kalte Hände haben, wärmen Sie sie vorher durch Aneinanderreiben oder im warmen Wasser auf. Wenn alles nicht hilft, nehmen Sie eine Wärmflasche, die Sie Ihrem Kind auf den Bauch legen.

Die Atemgeschichte

> Mit zunehmender Übung verbreiten sich Wärme und Schwere immer schneller und umfassender im Körper. Diese Ausbreitung nennt man »Generalisierung«. Nach einiger Übung genügt schon die Nennung der Formeln und die Vorstellung von Schwere und Wärme, um diesen Zustand wie reflexartig hervorzurufen.

»Leg jetzt einmal deine Hand auf den Bauch. Spürst du, wie dein Bauch sich hebt und senkt? Wenn du Luft holst, hebt er sich. Wenn du die Luft wieder herauslasst, geht er wieder nach unten. So geht das immer hin und her ... immer hin und her. Erinnere dich doch einmal an die Wellen am Meer, die kamen auch bis an deine Füße ... und dann gingen sie wieder weg. Genauso wie die Luft, sie kommt und geht ... kommt und geht. Denk einmal an das Pendel einer Uhr. Es schwingt hin und her, immer hin und her ... hin und her. Genauso wie dein Atem ... immer hin und her. Jedes Mal, wenn die Luft aus dir herauskommt, wirst du ein bisschen fauler ... und der Atem auch. Er wird ein bisschen langsamer. Es atmet ganz von allein. Du brauchst gar nichts zu tun. Nur in Gedanken ein bisschen zuschauen ... wie das Meer ganz langsam kommt und geht ... kommt und geht.
Damit das morgen Abend auch so gut klappt, sagen wir von jetzt ab immer eine Zauberformel, die heißt ganz einfach **Es atmet.**«

Die Schweregeschichte

»Stell dir einmal einen großen, schweren Elefanten vor. Elefanten sind riesig und sehr schwer. Riesig schwer. Du bist auch schwer. Wenn du dich ins Bett legst, dann gibt es nach und du sinkst ein bisschen ein. Du drückst mit deinem Gewicht die Matratze zusammen. Immer wenn du ausatmest, fühlst du dich ein bisschen schwerer ... schwerer und schwerer. Das ist ein schönes Gefühl. Es fühlt sich gut an, so richtig schwer zu sein. Bei jedem Ausatmen fühlst du dich noch ein bisschen schwerer. Deine Muskeln mögen das. Sie dürfen dann so richtig faul sein und brauchen gar nichts zu tun. Damit das morgen Abend auch so gut klappt, sagen wir von jetzt ab immer eine Zauberformel, die heißt ganz einfach **Ich bin schwer.**«

Die Herzgeschichte

»Du hast gefühlt, wie dein Herz schlagen kann. Es pumpt das Blut überallhin. In jede Ecke und jeden Winkel deines Körpers bringt es Kraft. Dadurch bist du ganz stark. Wenn du schnell laufen willst, läuft auch dein Herz schnell mit. Jetzt wo du ganz gemütlich und still hier liegst, hat es auch eine Ruhepause. Es schlägt ganz gemütlich. Das ist angenehm. Sag ihm nur, dass es jetzt ganz faul sein darf, weil du Pause machst. Es soll sich auch mal verschnaufen.
Damit das morgen Abend auch so gut klappt, sagen wir von jetzt ab immer eine Zauberformel, die heißt ganz einfach **Mein Herz schlägt ruhig.**«

Lassen Sie nach ein bisschen Übunge Ihr Kind die eine oder andere Geschichte selbst erfinden. Korrigieren Sie eventuell zu stark aktivierende Passagen und achten Sie darauf, dass die Formeln richtig formuliert sind. Nun macht das autogene Training noch mehr Spaß.

Wie hört sich der Herzschlag an? Verständnis und Interesse für den eigenen Körper wird durch Wissen und Neugierde gefördert.

Bauen Sie die einzelnen Übungen aufeinander auf. Beginnen Sie mit den einfachen Wärmeübungen, und ergänzen Sie die anderen Übungen erst, wenn Ihr Kind die vorhergehenden sicher beherrscht.

Die Geschichte von den Kaumuskeln

»Unser Bauch braucht einen Brei, damit er die Kraft aus dem Essen heraus bekommt. Deshalb muss man das Essen gut kauen, schön fein kauen. Wenn aber gar nichts zum Kauen da ist, dann haben die Muskeln vom Mund Pause.
Weil die Kaumuskeln nicht arbeiten müssen, freuen sie sich. Und du freust dich natürlich mit ihnen. Lächle einmal und zeig ihnen so, dass du dich mit ihnen freust. Das gefällt deinen Kaumuskeln, und sie fühlen sich jetzt richtig wohl.
Damit das morgen Abend auch so gut klappt sagen wir von jetzt ab immer eine Zauberformel, die heißt ganz einfach **Ich lächle.**«

Die Geschichte von der kühlen Stirn

»Stell dir einmal vor, du hast stundenlang in der heißen Sonne Fangen gespielt. Die ganze Zeit seid ihr gerannt, und du hast dich natürlich nicht erwischen lassen. Jetzt ist das Spiel zu Ende, und du merkst, wie du schwitzt. Deine Stirn ist ganz heiß und feucht. Du nimmst ein Taschentuch und wischst dir über die Stirn. Schon ist es angenehmer. Jetzt spürst du, dass ein leichter Wind weht. Richtig angenehm fühlt sich das an, wenn der Wind über deine Stirn fährt. Dein Kopf fühlt sich jetzt richtig gut an. Schön kühl ist deine Stirn, ganz toll kühl. Du kannst jetzt viel besser denken und spielen und auch schlafen.
Damit das morgen Abend auch so gut klappt, sagen wir von jetzt ab immer eine Zauberformel, die heißt ganz einfach **Meine Stirn ist angenehm kühl.**«

Eine komplette Entspannungsgeschichte

»Schließe deine Augen und stell dir einmal vor, du liegst ganz gemütlich im Schatten eines Baums. Hinter dem Baum beginnt ein Wald mit vielen schönen großen Bäumen. Vor deinem Baum ist eine große bunte Wiese mit Blumen und Schmetterlingen und allerlei anderen

Ein entspannendes Erlebnis

Sachen, die du später noch entdecken wirst. Es ist eine besondere Wiese, wie du sie noch nie gesehen hast. Ganz weit in der Ferne kannst du die Berge und das Meer sehen.

Du liegst ganz bequem und gemütlich und möchtest eigentlich ein kleines Mittagsschläfchen machen. Nun leg einmal deine Hände an den Bauch, dass sie ganz bequem daliegen.

Spürst du, wie dein Atem den Bauch dicker werden lässt? Ganz langsam wird er immer dicker, und wenn du ausatmest wird er wieder dünner. Ganz einfach so, du brauchst nichts zu machen, auch nicht tief Luft zu holen. Atme ganz ruhig und spüre, wie der Atem in dich hineinfließt und wieder herauskommt. Denk einfach: »Es atmet mich«.

Angenehm weich ist das Gras, auf dem du liegst. Wenn du lieber eine Decke magst, stell dir einfach vor, unter deinem großen Baum würde eine liegen, die du dir nehmen kannst.

Dein Körper ist müde und schwer, weil du vorher so viel herumgetollt bist. Stundenlang bist du über die Wiese gerannt, und jetzt bist du ganz faul und müde. Dein Körper ist müde und schwer. Deine Arme sind schwer, deine Beine sind schwer. Du bist ganz schwer, alles an dir ist angenehm schwer. Ist das nicht schön, so schwer zu sein? Denk doch einfach ein paarmal: »Meine Arme sind schwer und meine Beine sind schwer«.

Ein paar Sonnenstrahlen dringen durch das Blätterdach des Baums. Ein ganz kräftiger Sonnenstrahl scheint dir mitten auf den Bauch. Du spürst unter den Händen, wie angenehm warm das ist. Du fühlst auch, wie die Wärme in die Arme und in die Schultern und in deinen ganzen Körper hineinfließt. Denk doch einfach ein paarmal: »Meine Arme und meine Schultern sind schön warm«.

Spürst du, wie langsam und ruhig du jetzt atmest? Ganz von allein strömt die Luft in dich hinein und wieder aus dir heraus. Kannst du dich noch an den Gedanken dazu erinnern? »Es atmet«.

Dein Atem geht ruhig und langsam, und auch dein Herz freut sich, in aller Ruhe mit dir unter deinem Baum zu liegen. Es schlägt ruhig und regelmäßig, du musst gar nichts dafür tun. Denk einfach an dein

---

Bereiten Sie die Übungen des autogenen Trainings vor. Es sollte eine störungsfreie Atmosphäre herrschen. Ihr Kind sollte bequem sitzen oder liegen können, die Kleidung sollte nicht beengen. Legen Sie auch eine Decke bereit, außerdem sollte auch das Lieblingskuscheltier Ihres Kindes nicht fehlen.

Herz, denk: »mein liebes Herz schlägt ruhig und kräftig«. Deine Hände und dein Bauch sind inzwischen noch ein bisschen wärmer geworden. Richtig schön warm. Denk noch ein paarmal: »Mein Bauch ist warm«.

Wenn man sich so wohl fühlt wie du dich jetzt fühlst, dann sollte man auch lächeln. Lächle doch einmal und denk dir dabei ein paarmal: »Ich lächle«.

Spürst du und hörst du, wie der Wind mit den Blättern spielt? Vielleicht spürst du schon den angenehmen kühlen Hauch auf der Stirn. Sanft streicht er über dich. Denk dir doch einfach: »Meine Stirn ist angenehm kühl.«

Vertiefung der Entspannungsgeschichte

Wenn Ihr Kind noch Lust dazu hat, kann es in seiner inneren Phantasiewelt aufstehen und sich umschauen. Lassen Sie sich schildern, was es sieht, hört, schmeckt und fühlt. Fragen Sie zwischendurch immer wieder, ob es sich wohl fühlt.

Versuchen Sie die Wahrnehmung von sogenannten Submodalitäten bei Ihrem Kind zu erkennen. Fragen Sie also, was es sieht, ob es klingt, nach etwas schmeckt, wie es sich anfühlt. Lassen Sie Ihr Kind in seiner Vorstellung langsam kauen, mehrmals riechen, noch mal hinhören oder hinfühlen. Erfahrungsgemäß werden die Eindrücke von Mal zu Mal immer deutlicher.

Zunehmend erkennt Ihr Kind auf diese Weise seinen inneren Ruhe- und Erholungsort. Von hier aus kann es in Zukunft viele seiner Stille- und Entspannungsabenteuer starten.

Verstärkung durch Suggestionen

Sobald sich das Empfindungsvermögen bei Ihrem Kind sensibilisiert hat, können die Empfindungen zunehmend allein durch die folgenden Suggestionen ausgelöst werden. Dabei müssen Sie natürlich mit-

Ihr Kind ist mit der Stille- und Entspannungsgeschichte auch noch nach der Übung beschäftigt. Fordern Sie es doch auf, wenn es Lust dazu hat, ein paar Zeichnungen zur Geschichte anzufertigen.

denken und mitfühlen. Die Hauptsuggestionen sprechen Sie bitte anfänglich sieben Mal langsam und bewusst vor. Zu Anfang wird »Ich bin ganz ruhig« dreimal langsam und ruhig gesprochen.

> ### Die Suggestionsformeln
>
> Meine Augen sind ganz müde und schwer
> Ich bin ganz ruhig
> Meine Schultern und Arme sind ganz schwer
> Ich bin ganz ruhig
> Meine Schultern und Arme sind ganz warm
> Ich bin ganz ruhig
> Es atmet mich
> Ich bin ganz ruhig
> Mein Herz schlägt ruhig und gleichmäßig
> Ich bin ganz ruhig
> Mein Bauch ist warm
> Ich bin ganz ruhig
> Ich lächle
> Ich bin ganz ruhig
> Mein Kopf ist kühl und klar
> Ich bin ganz ruhig

Auch für die Auflösung der Stilleübung und die Erhöhung des Aktivitätsniveaus ist es wichtig, eine Formel und einen Bewegungsablauf festzulegen und diese konsequent zu verwenden.

Im Lauf der Zeit werden immer weniger Suggestionswiederholungen erforderlich, um einen Entspannungseffekt auszulösen.
Nur wenn Ihr Kind anschließend nicht einschlafen soll, ist es notwendig, die Übung so zu beenden, dass sein Aktivitätsniveau wieder erhöht wird. Dazu soll Ihr Kind tief einatmen, die Arme fest anspannen, die Augen aufreißen und aufstehen.
Entlassen Sie Ihr Kind in die Alltagswelt, ohne die Stilleübung mit Aktivität aufzulösen, dann kann es sein, dass es einige Zeit wie halb benommen und nicht ganz reaktionsfähig ist. Kinder neigen dann dazu, eine Weile vor sich hin zu träumen, stolpern leichter und können sich verletzen. Eine Auflösung der Übung ist daher wichtig.

Helfende Stille im Alltag

Der erste Gedanke bestimmt den Tag

Leben besteht aus der ständigen Begegnung mit lustvollen und weniger lustvollen Erlebnissen. Die Qualität dieser Erlebnisse wird weitestgehend durch unsere innere Einstellung zu ihnen bestimmt. Eine glückliche Grundgestimmtheit und innere Ruhe kann viel Leid verhindern und heilt nachweislich auch viele organische Leiden.
Ob wir glücklich und zufrieden sind, darüber entscheiden wir selbst. Eine positive, schicksalsvertrauende (auf Gott vertrauende) Grundgestimmtheit ist wohl das Beste, was Eltern einem Kind fürs Leben mitgeben können. Als Erwachsener findet man viel schwerer dazu.
Am Morgen fängt alles an. Die Denkmaschinerie versucht wieder unkontrolliert anzulaufen. Eventuell hat ein Traum noch seine Spuren hinterlassen. Es gibt auch für Kinder nichts Schlimmeres, als sich von der Hektik und der Verwirrung eines Morgens schon den ganzen Tag vermiesen zu lassen.

Ein gemeinsamer Beginn

Versuchen Sie, regelmäßig gemeinsam mit Ihren Kindern zu frühstücken. Mindestens ein Elternteil sollte dabei sein. Schon bei den Vorbereitungen kann Ihr Zögling mithelfen, damit Ihnen möglichst wenig zusätzlicher Zeitaufwand entsteht. Bereits dabei findet sich Zeit für einen Gedankenaustausch, der Ihrem Kind die Träume zu verarbeiten helfen kann. Und im ungezwungenen Gespräch erfahren Sie viel von den Ängsten und Problemen Ihres Kindes, was es fürchtet, dass an diesem Tag auf es zukommt. Vielleicht gelingt es Ihnen sogar mit einem älteren Kind, fünf Minuten über ein Thema zu me-

Im Einklang mit der Welt und zufrieden mit sich selbst zu sein ist für das Wohlbefinden des Einzelnen unerlässlich.

Ein gelungener Start in den Tag macht vieles leichter. Dabei gilt es, die Bedürfnisse des anderen zu berücksichtigen; manche Menschen sind morgens schon aktiver, andere brauchen länger, bis sie in Gang kommen.

ditieren und die Gedanken mit in ein Frühstücksgespräch einzubeziehen. Dazu eignet sich beispielsweise die Übung **Energiekugel** von Seite 78 oder die folgende Vertrauensübung.

Ich bin getragen

Bitte nehmen Sie sich einige Minuten Zeit, um auch für sich selbst die folgenden Worte zu bedenken und sie sich vorzustellen. Beachten Sie die daraus resultierende innere Stimmung.
»Ich spüre, wie der Stuhl meinen Körper trägt. Ich weiß, der Stuhl steht sicher auf dem Fußboden. Der Fußboden ist fest mit dem Haus verbunden. Das Haus ist fest im Erdboden verankert. Die Erde und ihre Lebewesen werden von den Naturgesetzen im unendlichen Kosmos geführt und gehalten.«
Das in der Meditation entstandene Gefühl kann den ganzen Tag über durch einen kurzen Gedanken wieder wachgerufen werden. So lässt sich schnell ein Gefühl der inneren Sicherheit und Stille aufbauen. Diese Stilleübung ist wirkungsvoller als irgendwelche Positivsuggestionen, die meist im Widerspruch zur Akzeptanz des Unterbewusstseins stehen. Denn nur das, was ich wirklich glaube, kann wirken.

Kinder verfügen noch nicht über so viel Lebenserfahrung und innere Sicherheit wie Erwachsene. Ärger in der Schule verursacht bei ihnen manchmal tiefe Selbstzweifel.

Schulängste zerstören die innere Ruhe und Gelassenheit

Während Erwachsene häufig aus dem Drang nach Höherem heraus bereit sind, nochmals die Schulbank zu drücken, fällt bei Kindern und Jugendlichen die Motivation schnell in den Keller.
Bringt das Anspruchsdenken von Eltern oder die Angst vor dem Lehrer noch einigermaßen gute Leistungen, so kann die Angst vor den Repressionen der Mitschüler zu einer Katastrophe werden. Ihnen kann sich kein Kind entziehen. Mitschüler können ihm das Leben zur Hölle machen; in dieser Beziehung sind sie unwahrscheinlich er-

finderisch. Was da alles unter dem Deckmantel Spaß läuft, grenzt an Körperverletzung und seelische Misshandlung. Zur Rede gestellt, war alles nicht so gemeint, und der Betroffene ist selbst schuld, wenn er so überempfindlich ist. Diese großen und kleinen Nadelstiche zermürben ein Kind nach und nach, und es ist kein Wunder, wenn sich psychische und körperliche Krankheiten entwickeln. Solchen Kindern wird alles in die Schuhe geschoben, was andere angestellt haben. Das kann so weit gehen, dass das Kind resigniert.

Der zum Klassensündenbock gemachte Schüler gesteht möglichst gleich alles ein, was ihm unterstellt wird, um noch Schlimmeres zu verhüten. So kann keine Freude an der Schule aufkommen. Oft trauen sich die Kinder zu Hause nichts zu erzählen. Spricht das Kind mit Eltern oder Lehrer, wird es als Petzer von der Klasse abgelehnt. Deshalb fügen sich viele Kinder dem Klassendruck und riskieren lieber schlechtere Noten, um nicht ausgegrenzt zu werden.

Dagegen hilft nur ein gutes Verhältnis zwischen Eltern und Kind. Schaffen Sie von Anfang an eine solide Vertrauensbasis für sich und Ihr Kind. Geben Sie Ihm durch Stilleübungen Ruhe und Gelassenheit mit auf den Lebensweg. Doch eine Garantie dafür, dass dann Ihr Kind nicht Opfer von Gleichaltrigen wird, gibt es nicht.

Die schulischen Ansprüche sind schon hoch genug, daneben muss sich Ihr Kind noch im Klassenverband gegenüber seinen Schulkameraden behaupten. Das sind Anforderungen, bei denen Sie Ihrem Kind helfen sollten, wenn es Hilfe benötigt.

Spitzen Sie Ihre Ohren, wenn das Kind aus der Schule plaudert

Folgende Äußerungen sollten sie als Hilferuf erkennen, vor allem, wenn sie öfter auftauchen:

»Nein, in diesem Fach haben wir fast nie eine Hausaufgabe.«

»Die Schule macht keinen Spaß, der Lehrer ist blöd, die anderen sind so laut.«

»Da habe ich mich nur gestoßen.«

Gehen Sie bei Verletzungen der Ursache nach. Es kann eigene Unachtsamkeit sein. Oft passiert das auch unbeabsichtigt beim Drängeln oder Blödeln. Möglicherweise war es aber auch absichtliches und böswilliges Stoßen oder Beinstellen.

Schlechte Erlebnisse verarbeiten

Alle Alarmglocken sollten bei Ihnen läuten, wenn Ihr Kind schon am Morgen vor lauter Schulangst Bauchschmerzen hat oder mittags erschöpft mit Spannungskopfschmerzen nach Hause kommt, die regelmäßig auftreten und sich auch nicht durch die Stille- und Entspannungsübungen des autogenen Trainigs bessern.
Ist bereits eine lern- und integrationshemmende Verhaltensstörung entstanden, kann eine heilpädagogische Begleitung notwendig sein.

Negative Erfahrungen prägen

Ist ein gewisses Maß an negativen Vorerlebnissen vorhanden, erwarten die Kinder bei jedem Neukontakt, dass er wie gewohnt negativ ablaufen wird. Diese Erwartungshaltung wird im Verhalten und oft schon in der Körperhaltung deutlich und signalisiert den anderen nonverbal die Negativeinstellung. Die Reaktion darauf wird meist ebenso negativ sein.

Es ist nicht leicht, aus dem Teufelskreis von schlechten Erfahrungen, Frustration, negativer Ausstrahlung und erneuten schlechten Erfahrungen herauszukommen. Eine optimistische und positive Grundgestimmtheit hilft hier sehr.

Oft gibt es in Kindergruppen einen Sündenbock, auf den alles Negative projiziert wird und der Zielscheibe von Spott und Missmut ist.

Kinder, die über längere Zeit die Erfahrung von schlechten Noten und negativen Erlebnissen gemacht haben, verlernen die Selbstsicherheit und das Vertrauen in die eigenen Fähigkeiten. Sie erwarten die schlechten Noten. Zieht sich diese Einstellung ins Erwachsenenalter durch, bleiben mit Sicherheit Fähigkeiten unentwickelt, da der Betroffene gar nicht auf die Idee kommt auszuprobieren, ob diese Fähigkeiten im Ansatz vorhanden sind.

Kindliche Probleme erfühlen

Ein guter Kontakt zwischen Ihnen und Ihrem Kind ist die wichtigste Basis dafür, dass es sich traut, Ihnen seine Probleme zu offenbaren.

Gehen Sie dieses Problem frühzeitig an. Es hat nichts mit Aushorchen zu tun, wenn Sie bei den Stilleübungen zur Vorstellungsbildung nach Submodalitäten fragen und so in Erfahrung bringen, wie sich Ihr Kind fühlt. Schwierige Probleme lassen sich oft nicht direkt aussprechen und können dadurch entdeckt werden.

Als Eltern und Erzieher müssen wir uns darüber klar sein, dass Kinder noch nicht über Bewältigungsstrategien für alle Situationen verfügen können. Jede ungelöste Problemsituation im Leben Ihres Sprösslings hat für ihn eine Größe, die wir mit einer extrem unangenehmen Situation im Erwachsenenleben vergleichen können. Man kann durchaus die Mitteilung einer unheilbaren Krankheit, der fristlosen Entlassung oder des wirtschaftlichen Ruins durch große finanzielle Verluste für uns Erwachsene als Vergleich heranziehen. Zudem fehlt unseren Kindern die Lebenserfahrung, dass im Prinzip alles doch noch zu einer erträglichen Lösung führt.

Bulling

Mit Bulling fasst man alle Quälereien zusammen, die Kinder Kindern antun. Schule, Kindergarten oder auch das Spiel mit anderen wird für gebullte Kinder zur Marter und Qual. Hier ist auch eine Ursache des Kinderselbstmordes zu suchen, vor allem dann, wenn Eltern den Zugang zu der Problematik ihrer Kinder nicht finden und

eine Problemsituation falsch bewerten. Statt ihnen Hilfe zu sein, erschweren sie die Not ihrer Kinder bis zum Unerträglichen. Zum Verständnis ein Beispiel:
Das Kind fängt an, kleinere Beträge für alle möglichen Schulsachen zu fordern. Bald gibt es nichts mehr, was glaubhaft benötigt wird. Oder das Kind entwendet heimlich kleinere Beträge. Wenn die Eltern dahinter kommen ist das Entsetzen groß. Unser Kind – warum tut es das? Vielleicht, weil das Kind glaubt, sich Freunde kaufen zu müssen. Wird es für die vordergründig böse Tat bestraft, bricht im Kind eine Welt zusammen. Denn die Strafe wird nicht als Wiedergutmachung empfunden, sondern als Verlust der elterlichen Liebe und Geborgenheit. Wem soll sich das Kind anvertrauen?
Bulling wird durch Ich-Schwäche und charakterliche Defizite herausgefordert. Diese Mangelsituationen sind bis zu einem gewissen Grad normal und auch kindgemäß. Sie sind der Motor, um sich auf vielen Ebenen zu entwickeln. Erst wenn sie nicht mehr zur Eigenentwicklung genutzt werden, sondern zur Blockierung der Entwicklung von anderen, wird es kritisch. Dabei stecken die Kinder, die andere quälen, genauso in einer Klemme wie ihre Opfer. So ganz tief im Inneren spürt jedes Kind, wenn etwas an seinem Verhalten nicht so ist, wie es sein soll. Und nichts ist schlimmer für ein Kind als das Gefühl, unnütz und ungeliebt zu sein.

Gerade tiefsitzende Probleme zeigen sich nicht offen. Meist sind Kinder nicht fähig, von sich aus solche Schwierigkeiten anzusprechen, doch Eltern haben oft ein Gespür, wenn etwas nicht stimmt. Verlassen Sie sich auf den Eindruck, den Sie von Ihrem Kind haben, meist liegen Sie dabei richtig.

Kinder brauchen Unterstützung

Auch Kinder sind nicht immer gut drauf. Dass sie dann eher Fehlverhalten an den Tag legen, das müsste jedem klar sein. Nicht aber denjenigen, die in ihren Kindern eine Art Superkinder sehen wollen und ihre Enttäuschung gnadenlos zeigen. Das zeigt, wie wenig Bereitschaft bei manchen Eltern vorhanden ist, sich in das Kind einzufühlen, das doch eigentlich keinen Fehler machen will und deshalb Hilfe und Mut zum neuen Versuch braucht. Es ist keine Schande hinzufallen, aber eine Schande nicht wieder aufzustehen!

Kommt das Kind weinend nach Hause, so braucht es vor allem Zuwendung und Verständnis. Wir können froh sein, dass es sich uns gegenüber in dieser Weise öffnet und sich nicht einfach resignierend zurückzieht. Zeigt sich doch in diesem Verhalten, dass wir als Vertrauenspartner anerkannt werden.

Dann ist es nicht nur sinnlos, sondern sogar brutal, die verdeckten oder offen vorgetragenen Hilfeschreie derart belasteter Kinder mit klugen Sprüchen wie »jetzt ändere dich mal, setz dich besser durch. Du bist halt zu empfindlich« oder »wenn die Schule vorbei ist, hast du es überstanden« zu übergehen.

Geben Sie Ihrem Kind die Erfahrung der Stille und machen Sie sich zusammen mit ihm ein Spiel daraus, mit anderen gut zurechtzukommen und trotzdem, so dosiert wie erforderlich, eigene Interessen einzubringen. Tauschen Sie sich täglich über Ihre Erfahrungen aus, wie zwei Geheimagenten, die konsequent ihr Ziel vorantreiben.

Sicherheit geben

Wenn das Umarmen Ihres Kindes nicht bereits eine Selbstverständlichkeit für Sie ist, dann sollten Sie es nicht abrupt, aber sukzessive einführen. Besonders ein Kind empfindet diese Handlung als einen Ausdruck absoluter Geborgenheit; es fühlt sich angenommen und beschützt. Eine anhaltende Umarmung hilft Ihrem Kind, den Stress von Schule oder Kindergarten und den Ärger mit anderen Kindern leichter hinter sich zu lassen. Es fällt zudem viel leichter, den Beanspruchungen des Schul- und Kindergartenalltags standzuhalten, wenn man sich auf zu Hause so richtig freuen kann. Deshalb ist es schön, wenn Sie Ihrem Kind bereits bei der Verabschiedung am Morgen sagen, was es an Interessantem nach der Schule erwartet.

Ein Kind, das sich über kleinste Dinge freuen kann, ist ein glückliches Kind. Seine Grundgestimmtheit ist heiter. Neugierde und Wachheit lassen es vieles entdecken, worüber es Freude empfinden kann und wodurch es zu weiterem Forschen motiviert wird. Jeder

Von jemandem umarmt zu werden, ist ein uraltes und wichtiges Ritual des Angenommenseins. Geizen Sie nicht damit, aber verwässern Sie nicht seinen Wert, indem Sie es permanent einsetzen.

Ganzheitliches Erleben

Tag sollte mindestens einen Aspekt haben, auf den es sich zu freuen lohnt. Fördern Sie dies durch gezielte Gesprächsführung.

In der Einleitung über die Entspannungstechniken und die Arbeitsweise unseres Gedächtnisses wurde bereits erwähnt, dass jeder unserer Gedanken und jede Handlung mit Empfindungserinnerungen auf allen Wahrnehmungs- und Gefühlsebenen einhergeht. So bleibt es Ihrem Gefühl und Geschick überlassen, ob Sie Ihr Kind, das Sie zur Bergrüßung nach der Schule in den Arm nehmen, erst einmal vom eventuellen Stress der vorangegangenen Stunden ablenken, oder ob Sie bereits jetzt mit dem Kind den Vormittag aufzuarbeiten beginnen.

Nehmen Sie es als ganz großes Kompliment für sich, wenn Ihr Kind sich Ihnen offenbart, ohne dass Sie es dazu drängen müssen. Hören Sie ihm einfach zuerst zu und gehen Sie die Probleme dann gemeinsam an.

Zuhören ist wichtig

Zuhören ist die beste Ausgangsbasis. Lassen Sie Ihr Kind erzählen, was war und was es sich vom Rest des Tages erhofft.

Die größte Stütze für Kinder ist es, bei den Eltern Geborgenheit und Verständnis für alles zu finden.

Fragen Sie danach, wie es sich bei alledem gefühlt hat. Je früher es lernt, seine Gefühle und Empfindungen zu beschreiben, um so früher lernt es, sie zu beherrschen und zu lenken. Versuchen Sie, unerfüllbare Wünsche in eine andere Richtung zu lenken, etwa mit der Formulierung »würde dir das nicht auch Spaß machen«. Anschließend ist es unumgänglich, einen exakten Zeitplan aufzustellen, damit der Nachmittag nicht vertrödelt wird. Es sei denn, ein Trödelnachmittag ist geplant. Ist der Hunger sehr groß, verschiebt man die »Plauderstunde« auf die Zeit nach dem Essen.

Essen als Ruheritual

Auch das Üben einer »Schweigemahlzeit«, bei der nicht einmal das Nötigste gesprochen wird, kann ein wunderbares Stilleritual sein. Jedes Mitglied der Familie konzentriert sich auf die Bedürfnisse der anderen. Wer hat noch keine Kartoffeln, wem muss das Gemüse zugereicht werden, weil es für ihn zu weit weg steht? Jedes richtig getroffene Bedürfnis gibt Pluspunkte, die gesammelt werden können, um einen Herzenswunsch erfüllt zu bekommen oder irgendeine Überraschung erleben zu dürfen.

Mit dieser kleinen Stilleübung schulen Sie die Beobachtungsgabe und Hilfsbereitschaft Ihres Kindes, und die Fähigkeit, über längere Zeit konzentrierte und entspannte Ruhe aufzubauen und zu bewahren. Des weiteren lernt es, Wünsche über einen gewissen Zeitraum aufrechtzuerhalten, sich auf ihre Erfüllung zu freuen, ohne sie sofort haben zu wollen.

Spannungsgeladene Situationen während des Essens zu bereden ist sicher der Anfang einer Reihe von Problemen im Verdauungstrakt. Es wird dann häufig zu schnell und zu viel gegessen, nicht gründlich genug gekaut. Viele Magenschleimhautentzündungen, Magengeschwüre und weitere Verdauungsprobleme nehmen hier ihren Anfang. Auch schon bei Kindern. Versuchen Sie daher, die Gespräche während des Essens auf ein harmonisches Niveau zu lenken.

> Es kann ruhig ein bisschen Zeit verstreichen, bevor Ihnen Ihr Kind von den Erlebnissen des Vormittags erzählt oder sie noch einmal erzählt. Der Abstand zu den Geschehnissen ist dann etwas größer, und das Wichtige kommt eher zum Vorschein, während Begleitumstände und Nebensächlichkeiten an Gewicht verlieren.

Sicherheit durch Stillerituale

Rituale und Gewohnheiten schaffen Sicherheit und Geborgenheit. Ein Mittagsgebet kann der Anker sein für das Wachrufen harmonischer Empfindungen und einer gelösten Grundgestimmtheit. Es kann einem Kind in einer konträren Phase jedoch auch das ganze Essen vermiesen. Derartiges muss reifen und immer wieder auf seine Wirkung hin beobachtet werden.

Auch Kinder fressen oft ihre Probleme in sich hinein, statt darüber zu reden. Manchmal fehlt einfach nur die passende Gelegenheit, sich anderen mitteilen zu können. Es ist also gut, wenn Ihr Kind nach Hause kommt und jemand da ist, der ihm zuhört, der es gegebenenfalls dazu anregt, Frust und Freude mitzuteilen. Meist genügt einfaches Zuhören. Natürlich sollten Sie dabei immer auf der Hut sein vor selbstzerstörerischen Bemerkungen und Selbsteinschätzungen Ihres Kindes. Hier müssen Sie gefühlvoll und glaubwürdig einlenken. Ein »du schaffst das schon« ohne praktische Hilfen reicht meist nicht weit genug.

Ihr Kind muss merken, dass es in die Geborgenheit des heimatlichen Hafens eingekehrt ist.

Es sind also keinesfalls große therapeutische Interventionen erforderlich, um Ihrem Kind die notwendige Geborgenheit zu vermitteln. Ein Ritual, etwas gleichmäßig Wiederkehrendes, vermittelt dem Unterbewusstsein und Bewusstsein Ihres Kindes, dass hier die Welt in Ordnung ist.

Führen Sie Ihr Kind langsam an die Schweigerituale heran, geben Sie ihm ein Beispiel in Ihrem Verhalten und erzwingen Sie nicht eine Stille, die es gern durchbrechen würde, sich aber nicht traut.

Kleine Aufmerksamkeiten

Wenn nun aber Ihr Sprössling daheim von niemandem erwartet werden kann, wenn er alleingelassen mit seinen Sorgen und Nöten den Schlüssel in der Haustür herumdreht?

Dann sollten Sie ihm zumindest ein herzliches Willkommen vorbereitet haben. Ein netter Brief, etwa: »Du brauchst dir das Essen nur noch aufzuwärmen, um fünf bin ich spätestens da, dann spielen wir noch gemeinsam ein Spiel. Du freust dich doch sicher schon darauf. Mach von den Hausaufgaben das, was du schaffst, ich helfe dir dann weiter«, vielleicht ein kleines Stück Schokolade, Teller und Besteck bereits hergerichtet, so lässt sich das Fehlen der Umarmung leichter verkraften.

Je nach persönlicher Reife können Sie Ihrem Kind dies zumuten. Andernfalls braucht es Betreuung und Führung in einer Lerngruppe oder bei anderen verständigen Menschen, um die Zeit nicht allein mit sich und seinen Problemen durchstehen zu müssen.

Übrigens sollten Sie die hier vorgeschlagenen Hinwendungen zum Kind hin und wieder auch einmal »vergessen«. Daran, wie Ihr Kind darauf reagiert, ob es etwas vermisst, erkennen Sie, wie weit sein Gespür für Harmonie bereits entwickelt ist. Wenn Ihr Kind merkt, dass ihm dann etwas fehlt, wird es diese Dinge um so mehr schätzen.

> Die Phantasie ist eine Stärke aller Kinder. Richtig gelenkt, kann sie eine wichtige Helferin sein beim Erlangen von Stille und Entspannung.

Innere Stille als Hilfe zu konzentriertem Lernen

Um aus der Hektik des Alltags in die notwendige Stille für ein effektives Lernen zu finden, bedarf es eines Übergangs, der unser Kind dort abholt, wo es mit seinem Denken und Empfinden augenblicklich steht.

Wasser abschütteln

Die Vorstellung, gerade aus der Dusche gekommen zu sein und nun kein Handtuch zu finden, fällt unseren Kindern sicher nicht schwer. Was nun? Wir wollen das »Wasser« abschütteln und stellen uns dazu locker und breitbeinig hin.

Die Arme hängen lassen. Mit einem vereinbarten Zeichen, das Kommandowirkung hat, werden zuerst die Hände, später die Arme und dann der Schultergürtel schnell bewegt. Wie ein nasser Pudel, der

gerade aus dem Wasser gekommen ist. Schließlich sollen die Bewegungen langsamer werden, bis auch die Hände wieder ganz ruhig sind. Anschließend wird die Übung erst auf dem rechten, dann auf dem linken Fuß stehend wiederholt.
Einen Schritt tiefer führt die folgende Übung:

Phantasiereise Regentropfen

Gehen Sie mit Ihrem Kind auf Phantasiereise, etwa so: Ich schaue einen Regentropfen an. Er liegt auf einem Blatt, das sich sanft im Wind bewegt. Ich tauche in den Tropfen ein und eine wunderschöne Blumenwiese tut sich vor mir auf. Gemütlich schlendernd gehe ich über diese Wiese. Je nach Lust bleibe ich länger oder kürzer auf dieser Wiese und nehme sie mit allen Sinnen wahr. Ist ein Gefühl innerer Stille aufgebaut, so stelle ich mir vor, an einer behaglichen Stelle meinen Arbeitstisch zu finden. Ich erkenne die Tischplatte und alles, was darauf liegt. Während ich nun langsam meine Augen öffne, verbindet sich die harmonische Empfindung meiner Traumwelt mit der Realität.

Begleiten Sie Ihr Kind anfangs auf den Phantasiereisen, geben Sie aber nicht zu viele Eindrücke vor. Schnell entwickelt es eigene Vorstellungen und erreicht so Stille und eine entspanntere Grundgestimmtheit für erfolgreicheres Lernen.

Training für den Schulalltag

Häusliches Umfeld, innere Verfassung, die Erlebnisse des Kindes an den vorangegangenen Tagen, wie es geschlafen hat, was im Schulbus gelaufen ist, ob Festtage, wie Weihnachten, Geburtstag etc., vor der Tür stehen, all dies beeinflusst die Konzentrationsfähigkeit und Aufmerksamkeitsbereitschaft des Kindes in entscheidender Weise. Deshalb kann es keine feststehende Zeitspanne geben, in der sich ein Kind optimal konzentrieren kann.
Schubladendenken, das die Kinder gleich als hyperaktiv, Legastheniker oder Phlegmatiker einstuft, hat keinen Sinn. Wir müssen nach individuellen Wegen suchen, um auf das Kind mit dem Lernstoff zuzugehen. Natürlich hängt dies in der Schule weitestgehend von den

Freiheiten ab, die dem einzelnen Lehrer gewährt werden. Zumindest daheim können wir jedoch mit Pausen und Methodenwechsel kindgerechter umgehen. Oft genügt es schon, wenn wir unserem Sprössling erlauben, einfach einmal fünf Minuten draußen herumzulaufen.

Konzentration fällt oft schwer

Die Banknachbarin schwätzt, der Vordermann schreibt Briefe, die man dann unauffällig weiterreichen muss. Dabei hatte man sich doch ganz fest vorgenommen, diese Stunde ganz besonders aufzupassen. Die Geräuschkulisse von fünfundzwanzig und mehr Kindern bringt nicht nur die schwachen Schüler aus dem Takt.

Hier besteht nur, wer gelernt hat gezielt zuzuhören. Dies sollte geübt werden. Warum also nicht einmal beim Abschreiben eines Textes, Vokabellernen und freier Textgestaltung gleichzeitig eine Textsendung im Radio laufen lassen? Lautstärke und Thema des Störfaktors

Konzentrierte Stille herrscht leider viel zu selten im Unterricht, trotzdem muss Ihr Kind Lernstoff aufnehmen und seine Aufmerksamkeit auf die wichtigen Dinge bündeln können.

Ob im Vorschulalter oder in den ersten Schuljahren – sprechen Sie mit Ihrem Kind den Tag durch, versuchen Sie Unzufriedenheit und Missgestimmtheit mit ihm zu überwinden.

können so variiert werden, dass zunehmend größere Konzentration erforderlich ist.

Derartiges ist durchaus mit der Schulrealität, der unsere Kinder täglich ausgesetzt sind, zu vergleichen. Da nicht zu erwarten ist, dass sich dies in den nächsten Jahren ändert, kann es sehr sinnvoll sein, für jedes Schulfach einmal unter derart erschwerten Umständen daheim zu üben.

Mit Geräuschkulisse lernen

Besonders beim Lernen mit Karteikarten lässt sich der Übungsfortschritt sehr gut beurteilen.

Sobald unser Kind gelernt hat, seine Aufmerksamkeit auf ein bestimmtes Angebot zu richten, nur dies zur Zeit für sich spannend findet, verlieren Nebengeräusche den Charakter des Interessanten. Zunehmend lernt das Kind, die Geräuschkulisse an sich vorbeirauschen zu lassen.

Hausaufgaben sind selten von Natur aus spannend und attraktiv. Eine Musikuntermalung bei den Hausaufgaben kann durchaus attraktiver sein als die Hausaufgabe selbst. Folglich wird diese Musik auch ablenkend sein. Eltern, die in einem derartigen Fall jedoch Ihrem Kind einfach die Musik wegnehmen, werden lediglich erreichen, dass das Kind der Musik nachtrauert, folglich noch weniger konzentriert ist. So scheint sich dann zu beweisen, dass das Kind mit Musik besser lernen kann.

Besser lernen mit Musik

Vereinbaren Sie mit Ihrem Kind, bei welchen Fächern Musikuntermalung eingesetzt wird. Musikuntermalung kann in eine Stimmung versetzen, in der es sich wohl fühlt, im Sinne von »mit Musik geht alles besser«. Um so mehr Ihr Kind sich an einige Musikstücke gewöhnt hat, desto mehr nimmt die Ablenkungsgefahr ab und die günstige Wirkung der Musik kommt zunehmend zum Tragen.

Es ist reine Übungssache, auch bei ablenkender Geräuschkulisse auf eine Sache konzentriert zu sein. Kindern fällt dies besonders schwer, da sie ihr Weltbild noch formen müssen und grundsätzlich an allem interessiert sind.

Wer sich auf sein Spiel, Fernsehspiele oder Computerspiele konzentrieren kann, der könnte sich auch auf Hausaufgaben konzentrieren, wenn er die Motivation dazu aufbrächte. Selbst eine versprochene Belohnung vermag da nur wenig zu helfen.

Vor allem Hinweise auf späteren Erfolg in Studium und Beruf liegen für ein Kind noch in unerreichbarer Ferne. Damit kann ein Kind nichts anfangen.

Spielsequenzen zwischen den Hausaufgaben können durchaus, selbst wenn sie die Konzentration fordern, eine effektive Pause darstellen.

Nützliche Ablenkungen

Konzentration kann man nicht befehlen. Derartige Befehle, selbst wenn sie sich das Kind selbst gibt, bewirken meist das Gegenteil. Die Verärgerung über die eigene Unzulänglichkeit macht dann alles noch schlimmer.

In derartigen Fällen ist eine vorübergehende »Ablenkung« die bewährteste Hilfe. Drei Minuten autogenes Training oder auch nur die Beobachtung des eigenen Atems sind entscheidende Hilfen. Sie lösen aus der Verkrampfung der Situation.

Still sitzen müssen, wie es Schulbus, Schule, Hausaufgaben und so weiter fordern, sind ein ständiger Zwang zur Ruhe für Kinder, die sich generell in einer Phase befinden, wo der Körper nach Bewegung drängt. Deshalb sollte der Nachmittag unbedingt Bewegungsphasen mit einplanen, auch wenn dadurch scheinbar die Hausaufgaben noch länger hingezogen werden.

Sie werden beobachten, wie sich nach einigen Minuten des Austobens mit den zuvor genannten Übungen eine konzentrative Stille einstellt.

Hausaufgaben

Hausaufgaben können die Erinnerung an Angstsituationen, Stress und Überforderung wieder wachrufen. Kein Wunder, dass ein Kind

Ein gezielter Wechsel von Konzentration und Zerstreuung ist ein wahres Wundermittel. Das Konzentrationsvermögen ist sehr unterschiedlich, die einen können sich mühelos lange konzentrieren, bei anderen wird die Bemühung darum schnell zur nutzlosen Quälerei.

sich vor den Hausaufgaben drückt und herumtrödelt. Oft ist dieses Trödeln auch ein Ausdruck der Resignation vor den Anforderungen der Schule.

Die Möglichkeit, den Frust der Schule einmal aussprechen zu können, und die Freude auf einen schönen Videofilm oder ein anderes schönes Erlebnis am Nachmittag machen vieles leichter. Helfen Sie Ihrem Kind, indem Sie neben dieser Aussicht auf eine kleine Belohnung eine Stilleübung an den Anfang der Hausaufgaben setzen. Ihr Kind soll dann mit dem Fach beginnen, das ihm am leichtesten fällt. So hat es ein positives Einstiegserlebnis.

Geben Sie Ihrem Kind alle notwendige Unterstützung, dass die Hausaufgaben nicht zur Quälerei werden. Denken Sie dabei auch an Methodenwechsel und Ruhepausen.

Das Leben macht mehr Spaß, wenn man immer etwas weiß, auf das man sich freuen kann. Bahnen Sie also ein freudiges Ereignis für die Zeit nach den Hausaufgaben an. Es braucht nur eine Kleinigkeit zu sein. Auch sollten Sie sich z.B. fragen, ob der Verein, der den Nachmittag zerreißt und zur Hetze werden lässt, Ihrem Kind wirklich Spaß macht. Oder kann man vielleicht so vorarbeiten, dass ein hausaufgabenfreier Nachmittag in der Woche entsteht?

> Erforschen Sie gemeinsam mit Ihrem Kind, welcher Abwechslungsrhythmus optimal für es ist und welche Art der Abwechslung ihm am meisten Entspannung gibt. Teilen Sie gemeinsam mit ihm die Pflichten in überschaubare Häppchen ein, dass es nicht vor einem Berg von Pflichten zu stehen glaubt.

Gezielte Entspannung ist besser als ein Mittagsschlaf

Ein Mittagsschlaf hat oft nicht viel Sinn. In den dabei auftretenden Halbschlafphasen schwirren die Gedanken nur so durcheinander, alles Mögliche kommt hoch, ohne sinnvoll bearbeitet werden zu können. Besser ist es, bei Kindern, die erschöpft aus der Schule kommen, das autogene Training oder eine der anderen Vorstellungsübungen aus den vorangegangenen Kapiteln dieses Buches einzusetzen.

Gestresste und unruhige Kinder, denen das stundenlange Sitzen in der Schule nicht bekommen ist, brauchen zur Erholung Spiel und Bewegung und anschließend eine Stillephase.

Das Fernsehgerät gehört zum modernen Alltagsleben, und der richtige Umgang mit ihm muss gelernt werden. Dasselbe gilt für den Computer. In Maßen genossen, ist Fernsehen sicher nicht schädlich, zumal wenn die Sendungen nicht nur konsumiert, sondern auch in Gesprächen vor- oder nachbereitet werden.

Fernsehen und Computerspiele

Wenn ein Kind täglich länger als zwei Stunden fernsieht, weiß es entweder nichts mit sich und seiner Freizeit anzufangen, oder es kommt mit anderen Dingen in seinem Leben nicht richtig zurecht.

Um diesen Zustand nicht zu verschlimmern, ist es sinnvoll, sich von Anfang an daran zu halten, dass jedes Familienmitglied für eine gewisse Fernsehzeit seine Programme auswählen darf und diese dann mit einem Videorecorder aufgezeichnet werden.

Kinder, die wissen, dass sie nichts verpassen, weil sie sich die Aufnahme jederzeit anschauen können, haben auch die Geduld, sich nach Schule und Essen zu entspannen und ihre Hausaufgaben in aller Ruhe zu machen. Sie brauchen ihren Tagesplan nicht dem Zeitpunkt einer Sendung unterzuordnen.

So haben die Eltern auch die Möglichkeit zu kontrollieren, was eine Sendung ihren Kindern zumutet.

Kinder sollten möglichst nicht alleine fernsehen. Während Eltern meist als Aufpasser empfunden werden, können Gleichaltrige mithelfen, die Belastungen gemeinsam mit Spiel und Gespräch zu »verdauen«.

Über Gesehenes reden

Die meisten der ausgewählten Sendungen sollten die Kinder mehrmals anschauen, um sich die Details mit ausreichender Intensität einprägen zu können. Kinder sind zum Verstehen und emotionalen Verarbeiten der Sendungen auf ein Mehrfachsehen angewiesen.

Lassen Sie sich von Ihrem Kind Geschichten und Filme, die es erlebt hat, erzählen und vergleichen Sie sie mit dem Original. Sie erkennen auf diese Weise, was Ihr Kind bewegt, welche Szenen und Handlungen es als gefährlich empfunden hat.

Kinder stellen meist eine Verbindung zwischen den Personen einer Handlung und ihren eigenen aktuellen Sorgen und Sehnsüchten her. Je jünger ein Kind ist, desto aktueller erlebt es die Einzelszenen. Ein

Ein starker Emotionswecker

Hinweis auf den glücklichen Ausgang in einer späteren Szene vermag ein Kinder erst ab etwa sieben Jahren zu trösten.

Ängste zeigen und bestehen

Kinder kommen jedoch nicht umhin, auch lernen zu müssen mit den Spannungsbögen, die durch Geräusche, Musik und Szenen beim Fernsehen aufgebaut werden, fertigzuwerden, wenn sie in dieser Welt bestehen wollen. Derartige Probleme werden nicht dadurch bewältigt, dass man ihnen aus dem Weg geht. Das Fernsehen eröffnet also auch die Möglichkeit, unsere Kinder auf den lebenslänglich erforderlichen gezielten Umgang mit Emotionen vorzubereiten.

Auch die kindliche Angstverarbeitung ist von Wiederholung gekennzeichnet. Wenn Kinder fähig sind, eigene Ängste im Spiel szenisch umzusetzen, dann haben sie bereits gewonnen. Sie werden das

Anders als selbsterfundene Geschichten vermitteln Fernsehbilder scheinbare Realitäten. Das Geschehen als nicht wirklich zu betrachten gelingt Kindern erst ab einem gewissen Alter.

Mit traumwandlerischer Sicherheit meistern Kinder Herausforderungen, die uns Erwachsenen als riskante Unternehmungen vorkommen.

erfahrungsgemäß jedoch nur tun, wenn sie genügend Selbstvertrauen haben. Kinderzeichnungen, Geschichten und Spiele, die daran anschließen, werden bereits ohne äußere Anleitung viele Male wiederholt, bis die innere Gefühlswelt oder das sogenannte Unterbewusste stabilisiert sind.

In einem derartigen Szenario können durchaus Kuscheltiere oder Zaubersprüche als Berater und Helfer in Funktion treten. Es spielt keine Rolle für die Angstbewältigung, ob der Bewältigungsweg den realen Möglichkeiten des Kindes entspricht oder irreal ist.

Angst als Lust und Herausforderung

Ein gewisses Maß an Risikobereitschaft ist jedem Menschen angeboren, denn »wer nichts wagt, der nicht gewinnt«. Angstbesetzte Situationen fordern also heraus und sollten verarbeitet und nicht verdrängt werden.

Kinder haben durchaus auch Lust, sich in angstbesetzte Situationen zu begeben. Dieses Verhalten wird in der Psychologie als Angst-Lust bezeichnet und ist ein notwendiger Erfahrungsweg für die Entwicklung unserer Kinder. Wichtig dabei ist, dass derartige Angstbeherrschungsprozesse vom Kind freiwillig angegangen werden. Die Kinder sind dann dem Gefühl gewachsen und genießen den Nervenkitzel.

Richtig fernsehen kann für Kinder bedeuten, dass sie mitschreien, mitschießen, sich vor dem Geschehen verstecken. Lassen Sie das ruhig zu; Ihr Kind braucht das Ausleben dieser Impulse für seine Entwicklung. Wird ein offener Umgang mit Ängsten unmöglich gemacht, so darf man sich nicht über ängstliches oder aggressives Verhalten und ständige Unruhe eines Kindes wundern.

Stille zur Überwindung der Angst

Als praktische Konsequenz für das Ziel, Ihrem Kind innere Stille und Geborgenheit zu vermitteln, ist es sinnvoll, das Kind schrittweise, vorsichtig dosiert, in spannungsgeladene Situationen zu führen. Man beginnt am besten in Form einer Geschichte, gesteigert mit Tonkassette und Film, bis reale Situationen eintreten.

Wenn wir diese Zusammenhänge beachten, kann auch die häufig

sehr laute und bewegte Auseinandersetzung mit einem Film oder einer Kassette letztendlich zu einer gefestigten inneren Ruhe führen.

Belastende Erlebnisse verarbeiten

Das kindliche Unterbewusstsein erlebt das Alltagsgeschehen oder Mediendarbietungen und die daraus erwachsenen Gefühlsreaktionen mit gleicher Bewertung. Es erkennt keinen Unterschied.
Treten als Folge eines realen oder als real empfundenen Erlebnisses keine Alpträume, kein verstärktes Zuwendungsbedürfnis, keine Verstärkung eventuell vorhandener Ängste und keine neuen Ängste auf, so können wir von einer gelungenen Verarbeitung des Erlebnisses ausgehen.
Die meisten Kinder werden derartige Erlebnisse in der Regel von sich aus in Form eines Rollenspieles verarbeiten.
Eine ungenügende Verarbeitung und Differenzierung hingegen kann in krassen Fällen bis zu charakterlichen Fehlentwicklungen und psychosomatischen Erkrankungen führen.

Ein Fallbeispiel

Der sechsjährige Peter traut sich nach einer Reihe von Fernsehsendungen nicht mehr nach draußen, weil er annimmt, dass es dort genauso gefährlich ist wie in den Filmen.
Die Eltern haben darauf reagiert. Wegen der räumlichen Beengung wird der Fernseher in das Schlafzimmer der Eltern gestellt.
So oft wie möglich gibt die Mutter ihrem Kind die Möglichkeit, von seiner Angst zu erzählen. Mit Hilfe der im folgenden Kapitel auf Seite 78 beschriebenen Technik mit der Energiekugel deuten sich auch Ängste an, die Peter sonst nicht richtig auszudrücken vermag oder die ihm nicht bewusst sind.
Von nun an nimmt die Mutter Peter bei jeder Möglichkeit mit zu Freunden und Bekannten, zum Einkaufen in einen großen Supermarkt usw., um sein negatives Umweltbild zu korrigieren.

> Belastende Erlebnisse, die nicht zur Sprache kommen und aufgearbeitet werden, ziehen manchmal beim Kind ein Verhalten nach sich, das als mehr oder weniger stark abweichend bezeichnet werden kann.

Abends wiederholen sie die Tageserlebnisse und träumen sich auch in Situationen hinein, in denen Peter sich noch nicht so recht wohl fühlen konnte. Die Vorstellungen haben immer mehr von ihrer Angstbeladenheit verloren. Dadurch erwacht Peter bereits mit einer motivierteren Grundgestimmtheit.

Der Erfolg dieses Vorgehens zeigt sich daran, dass Peter jetzt häufige zu Freunden außer Haus geht und im Sommer an einem Ferienlager teilnehmen möchte.

Ein weiteres Fallbeispiel

Der elfjährige Rainer sieht täglich mehrere Stunden Zeichentrickfilme. Er verlernt die Unterscheidung zwischen Zeichentricktieren und realen Tieren. Auffällig wird er, als er in der Schule bei dem Film »Die Möwe Jonathan«, bei dem es um eine Seemöwe geht, immer dann lacht, wenn die Möwe sich verletzt.

Klassenkameraden berichten, dass er häufig seine kleinen Katzen quält. Auch hier haben die Eltern richtig reagiert. Rainer bekam die Möglichkeit, bei einem Tierarzt zu helfen. Er durfte daheim ausführlich über seine Erlebnisse berichten. Seine Eltern lenkten die Gespräche zwischendurch immer wieder zu der Frage »was meinst du, wie das Tier sich dabei gefühlt hat?« Rainer wurde so bald bewusst, dass der richtige Umgang mit Tieren durch Vorsicht und Achtung gegenüber diesen leidensfähigen Wesen geprägt sein muss.

Hilfen für das hyperkinetische Kind

Ist es ein Wunder, dass unsere Kinder unruhig und nervös sind? Vielleicht sind es sogar wir, an denen sie sich orientieren? Erst wenn Ihr Kind einmal das Schöne an der Stille erlebt hat, wird es wieder danach verlangen. Es geht darum, es aus dem Strudel der Hektik unserer Zeit zumindest vorübergehend herauszuheben. Dafür muss man natürlich selbst auf einem ruhigen und festen inneren Ufer stehen.

> Der Umgang mit Gleichaltrigen ist wichtig für das Sozialverhalten von Kindern. Meist wird leicht abweichendes Verhalten schon in Altersgruppen korrigiert, indem sich die Kinder aneinander orientieren.

Hyperaktive Kinder fangen tausend Dinge an, bringen jedoch kaum etwas zu Ende; sie haben Schwierigkeiten sich zu konzentrieren. Da sie unter Stimmungsschwankungen leiden, weichen sie häufig in die Aggressivität aus, haben gleichzeitig aber auch ein übertriebenes Zuwendungsbedürfnis. Eine verzögerte Entwicklung beim Stehen und Laufen, mangelndes Feingefühl im Umgang mit Esswerkzeugen und Spielzeug führen zu vielen Enttäuschungen. Trotz ihres meist recht hohen Intelligenzquotienten haben diese Kinder verständlicherweise Schwierigkeiten in der Schule, werden oft zum Angriffspunkt für das Bulling ihrer Klassenmitglieder oder zum Klassenkasper.

Schwierige Diagnose

Natürlich ist die Intensität dieses Krankheitsbildes unterschiedlich und schwankend. Wenn man heute Kinder in Kindergarten und Schule beobachtet, so muss man den Eindruck gewinnen, dass abgeschwächte Formen dieses Krankheitsbildes bereits die Regel sind.
Bei der Hyperaktivität ist es wichtig, die möglichen Ursachen nicht nur im Elternhaus und bei Erziehungsfehlern zu suchen, sondern auch eine medizinische Abklärung machen zu lassen. Die »echte« Hyperaktivität – verstanden als medizinisches Krankheitsbild – wird auch als Hyperkinetisches Syndrom (HKS) bezeichnet. Man nimmt an, dass dabei Abläufe im Gehirn gestört sind, die die Aufmerksamkeit steuern und unerwünschte Reize herausfiltern.
Eine der Ursachen hat man in den Phosphaten gefunden, welche die Noradrenalin-Freisetzung im Stammhirn hemmen und den Mineralstoffwechsel durcheinander bringen. Bevor die Ursachen nicht beseitigt sind, ist jedes ausführliche Üben von Stille und Entspannung für die Kinder, die an HKS leiden, eine Überforderung. Die Sinnesübungen aus dem Anfangsteil dieses Buches sind durch die kurzzeitige Konzentration auf einen Vorgang geeignete Stilleübungen auch für hyperaktive Kinder.
Weitere Hilfen erhalten Sie beim Arbeitskreis Überaktives Kind, Dieterichstr. 9, D-30159 Hannover.

> Leider ist man oft allzu schnell bereit, ein Kind als hyperkinetisch abzustempeln. Die mit diesem Krankheitsbild einhergehenden Symptome sind jedoch schwerwiegender und gehen tiefer als bei vielen aufgedrehten oder sehr aktiven Kindern, die so bezeichnet werden.

Wege zum Unterbewusstsein bahnen

Unverkrampft geschlossene Augen und entspannte Körperhaltung signalisieren die Bereitschaft, auf eine Reise in die Vorstellungswelt zu gehen.

Bitte beachten Sie, dass die folgenden Übungen für einen Tag motivieren und stabilisieren. Als Abendübungen können sie zum Auslöser für eine unruhige Nacht werden.
Es gibt verschiedene geeignete Möglichkeiten, einen Zugang zum Unterbewusstsein unseres Kindes zu eröffnen. Wie bereits im Kapitel »Das Unterbewusstsein als Problem und Hilfe« erklärt wurde, entzieht es sich dem direkten Zugriff. Mit Hilfe der Stilleübungen lässt es sich in gewissem Umfang beeinflussen. Verbindet man diese Übungen mit einer Körperhaltung oder Bewegung, verstärkt sich der Effekt. Fordern Sie Ihr Kind nur auf, eine bequeme Körperhaltung einzunehmen, die Augen zu schließen und ruhig und gleichmäßig zu atmen.

Die Energiekugel

Für die Übungen in diesem Kapitel sollte Ihr Kind schon im Schulalter sein. Variieren Sie Begriffe und bauen Sie wenn nötig die Geschichte um, dass Ihr Kind die Botschaft versteht.

Ihr Kind sitzt, steht oder liegt mit geschlossenen Augen. Es atmet ruhig und gleichmäßig. Um diesen Zustand leichter zu erreichen, machen Sie mit ihm die Atemübung aus dem autogenen Training »es atmet mich«. Erst dann fordern Sie Ihr Kind auf, sich vorzustellen, dass etwas genau über seinem Kopf schwebt. Ermuntern Sie Ihr Kind, dieses fremde Ding ganz genau zu betrachten. Fragen Sie, welche Größe, Form, Farbe es hat, aus welchem Material es hergestellt sein könnte. Womit es verglichen werden könnte. Ermuntern Sie es, genau hinzuhören, ob es etwas hört und wenn ja, welche Laute oder Geräusche dieses Etwas über seinem Kopf von sich gibt. Fragen Sie Ihr Kind auch, ob es etwas riechen kann, was mit diesem Ding zu tun haben könnte.

Je nach Alter des Kindes können die Fragen und Vertiefungen variiert werden. Mit der Frage »was meinst du, was das Ding jetzt tut« oder »weißt du, warum dieses Ding zu dir gekommen ist und immer noch da ist« begibt man sich auf den Weg ins Unterbewusstsein. Achten Sie auf alles, was bedrohlich sein könnte und schenken Sie Ihrem Kind das Gefühl von Geborgenheit.

Hinweise auf Angst und Ungeborgenheit wären zum Beispiel: Das Ding fällt auch mich herunter, es bedroht mich, es will mich mitnehmen, es ist ganz dunkel, es will mir weh tun.

Ein guter Tagesbeginn

Entweder Sie schicken dieses »böse Ding« jetzt fort wie ein Fahrzeug, das sich entfernt und immer kleiner wird, bis es nicht mehr zu sehen ist, oder Sie fragen Ihr Kind, warum das Ding sich so und nicht anders verhalten will. Ermutigen Sie Ihr Kind, selbst Fragen an die Energiekugel zu stellen. Je nach Kind kann das einige Minuten lang gehen. Leiten Sie den Höhepunkt der Übung ein mit der Ankündigung, dieses Etwas habe ein sehr schönes Geschenk für Ihr Kind, das man zwar nicht anfassen kann, das aber doch sehr wertvoll ist.

Kinder begreifen sehr schnell, dass es sich um seelisch-geistige Werte handelt. Häufig erleben Kinder dieses Geschenk wie einen warmen Regen oder Schnee, der nicht kalt und manchmal bunt ist, manchmal auch als übergroße Tarnkappe oder warmen Mantel.

Diese Übung ist eine gute Morgenübung. Sie gibt Ihrem Kind ein Stück Vertrauen, Stärke und Sicherheit für den Tag.

An Hand des wechselnden Aussehens in Form, Farbe und Größe der Energiekugel können Sie ableiten, wie gut Ihr Kind im Moment drauf ist.

Nach einiger Zeit der Übung geht es ganz schnell. Die Kugel sehen, wie sie sich öffnet, sich vom Inhalt überfluten lassen und in jede Faser des Körpers und der Seele aufnehmen, benötigt die Zeit von zwei bis drei tiefen Atemzügen und ist auch im Erwachsenenalter eine hilfreiche »Energietankstelle«. Eine gute Möglichkeit wäre, mit die-

Für Kinder im Vorschulalter eignen sich Stille- und Entspannungsübungen, die weniger abstrakt sind. Im Südwest-Ratgeber »Entspannungsübungen für Vorschulkinder« finden Sie eine Reihe von Phantasiegeschichten, die für dieses Alter geeignet sind.

ser Übung im gemeinsamen Urlaub anzufangen, um sie dann im Schul- und Alltagsstress bereits besser zu beherrschen und zu nutzen.

Mandala malen

Ein Mandala ist ein Kreisbild mit zentrierter Mitte. Durch die Wiederholung der Muster innerhalb dieses Kreises ergibt sich eine Harmonie, die vom Zentrum oder von der Peripherie aus gleich gesehen und entsprechend der eigenen inneren Verfassung farblich ausgestaltet werden kann.

Stellen Sie als erstes den Mandalakreis her, indem Sie mit Hilfe eines Zirkels einen Kreis aufzeichnen. Strukturieren Sie den Kreis ein bisschen vor, vor allem, wenn ein kleineres Kind das Mandala malen soll. Größere Kinder füllen den Kreis selbstständig aus.

Während des Malens sollten Sie ganz leise Musik laufen lassen, am Besten eine eingängige, langsame Melodie ohne große Tonbreitenschwankung im 6/8-Takt. Keinesfalls sollte sich Ihr Kind während des Mandalamalens durch die Musik gestört fühlen.

Während es das Mandala malt, wird nicht mehr gesprochen. Nur die Musik läuft ganz leise, ansonsten herrscht Stille. Ihr Kind kann nun nach Herzenslust malen und sich ganz in die Beschäftigung versenken. Schauen Sie sich das Bild anschließend genau an. Ist es ordentlich gemalt? Welche Farbe herrscht vor? Sind alle vorhandenen Flächen ausgemalt? Wie sieht das Zentrum und die nahe Umgebung aus? Wie ist die Peripherie gestaltet? Wie empfinden Sie den Gesamteindruck? Welches Gefühl taucht spontan auf?

Vertrauen sie Ihrer Intuition in der Einschätzung des Mandalas als Ausdruck der seelischen Verfassung des Kindes.

Vorstellungsübung

Diese Übung ist für ältere Kinder und Jugendliche geeignet, die es schon gewöhnt sind, Phantasieaufsätze zu schreiben. Ähnlich wie in der Übung auf Seite 41 im Kapitel »Kraft tanken« geben Sie Ihrem

Ein Mandala lässt sich auch sehr schön auf einen Teerplatz oder eine Hofeinfahrt malen; hier lassen sich besonders große und imponierende Mandalas herstellen. Ihr Kind sollte dazu schon ein bisschen Übung haben, und natürlich braucht es viele bunte Kreidestifte.

Kind einen gedanklichen Anstoß. Es soll sich vorstellen »ich bin ein« und der erste Gedanke wird als Identifikation bearbeitet und eine Geschichte daraus entsponnen, die Ihr Kind niederschreiben soll. Da die Phantasie durch Gefühlsimpulse und die Grundgestimmtheit, also vom Unterbewusstsein, gesteuert wird, ist es sehr aufschlussreich zu beobachten, welche Gedanken auftauchen und wie sie »bearbeitet« werden. Wenn Sie die Geschichte auswerten wollen, helfen folgende Fragen: Wird etwas befürchtet, wenn ja, was? Welche Rolle spielen Altersgenossen? Gibt es sie überhaupt? Wie sieht die Umgebung aus? Jahreszeit, Tageszeit, Wetter?

Grundsätzlich in allen Altersstufen als positiv zu bewertende Aussagepunkte sind z. B. Sonne, Frühling, blühende Bäume, Sonnenaufgang usw.

Generell eher negative Aussagepunkte sind z. B. Fahrt zum anderen Ufer, ein Loch im Boden, Sonnenuntergang, Winter, keine oder gefürchtete Altersgenossen oder andere Lebewesen, Gefahren, wie

Geben Sie Ihrem Kind nicht das Gefühl, sich »verraten« zu haben oder es zu durchschauen. Erforschen Sie gemeinsam vorsichtig, was hinter seinen Aussagen stecken könnte. So bauen Sie Befürchtungen und Ängsten vor.

Mit einer Zeichnung nach der Vorstellungsübung können die Eindrücke und Erlebnisse zugänglicher gemacht werden.

Wasserfall, Strudel, Bergrutsch, überladen sein, mit Strick oder Kette gefesselt sein usw. Zu berücksichtigen ist dabei jedoch auch der Kontext und das Ende der Phantasiegeschichte, wie und ob eine Auflösung zustande kommt.

Vertrauensbildendes Beten

Auch wenn Sie nicht gläubig sind, für Kinder ist es hilfreich zu glauben, dass es eine Macht jenseits von allem Beeinflussbaren gibt, die zwar nicht wie von Wunderhand, aber gemeinsam mit den eigenen Anstrengungen Positives schafft.

Für Kinder ist es wichtig, dass ihr Schutzbedürfnis erfüllt wird. Da Eltern das nur in begrenztem Rahmen können, ist es für Kinder eine Hilfe zu erleben, dass ihre Eltern beten und damit Vertrauen auf eine hohere Macht und Geborgensein in einem größeren Ganzen zeigen. Wenn Eltern ihren Kindern von Gott erzählen, dann genügt es, Gott als den Guten und Mächtigen zu schildern, an den sich ihr Kind voller Vertrauen wenden kann. Wichtig ist, dem Kind zu zeigen, wofür es danken kann. Dadurch wird es ermuntert, Mitmenschen und Umwelt bewusst zu beobachten und die Veränderungen als etwas Gutes, von Gott gewolltes zu verstehen.

Frei gesprochene Gebete sind immer den vorformulierten Gebeten vorzuziehen, da sie kindgerechter sind und die Vertrautheit mit Gott leichter zustande kommt. Vorformulierte Gebete dienen dem ritualisierten Gemeinschaftsgebet, das in der Glaubensgemeinde gesprochen wird und eine gemeinschaftsbildende Funktion hat, freie Gebete dagegen sind persönlicher.

Die richtigen Formulierungen wählen

Kindergebete oder religiöse Lieder dürfen keine vertrauenszerstörenden Formulierungen enthalten. Ganz egal, ob es offene oder versteckte Aussagen sind. Ein Beispiel für eine vertrauenszerstörende Formulierung ist »Und führe uns nicht in Versuchung«. Gott versucht im Sinne der Verführung niemals. Eine bessere Formulierung wäre »Und führe uns in der notwendigen Prüfung und Versuchung, damit wir ihr widerstehen«.

Ein kleines Kind spricht die Gebete der Eltern meist mit, ohne zu verstehen, was es spricht; trotzdem wirken sie im Unterbewusstsein. Entwickeln Sie das Gottvertrauen bei Ihrem Kind, indem Sie auf jede Frage Ihres Kindes eine nachvollziehbare Antwort geben.

Bei der häufig gestellten Frage nach dem Leid sollten Sie Ihrem Kind klar machen, dass es zumeist aus menschlicher Unreife entsteht. Sagen Sie ihm, dass Leid durchaus auch sinnvoll und ein Signal sein kann, dass das Leben geändert werden muss. Wenn unter Leidensdruck dem Leben eine heilende Wende gegeben wird, unterstützt der Glaube, dass Gott den Menschen durch jede Schwierigkeit hindurch trägt und ihn nur soviel ertragen lässt wie nötig ist, um möglichst schnell eine Änderung herbeizuführen.

Spontane Gebete

Vermeiden Sie auch Verniedlichungen. Mit einem Jesukindlein oder Engelchen wird das Schutzbedürfnis Ihres Kindes nicht abgedeckt. Die Bibel spricht eher von mächtigen Gestalten. Wird Gott als behütend und bewahrend vermittelt, dann kann sich bei Ihrem Kind Vertrauen in das eigene Schicksal entwickeln.

Kurze Sätze, die dem Erleben der Kinder entsprechen, sind die besten Gebete. »Lieber Gott, das war heute ein toller Tag.«
»Lieber Gott, heut haben Mama und Papa nicht mit mir gespielt. Sie haben viel Arbeit. Bin ich froh, dass du da bist.« Je alltagsbezogener ein Kind vertrauensvoll mit Gott plaudert, desto sicherer wächst es in ein tragfähiges Urvertrauen hinein.

Loslassen und Einschlafen

Die Zeit vor dem zu Bett gehen sollte nicht für »analytische« Gespräche genutzt werden. Besteht noch ein Drang Ihres Kindes, seine Probleme auszusprechen, so haben Sie im Lauf des Tages etwas versäumt, nicht genug Zeit füreinander gehabt.

Oft kommt ein Kind von ganz allein darauf, ein Dankgebet zu sprechen. Vor allem, wenn es in Ihnen ein Beispiel für den selbstverständlichen und alltäglichen Umgang mit Gott hat, fällt ihm das leicht.

Das abendliche Einschlafgespräch oder die Einschlafgeschichte ist von entscheidender Bedeutung für die Qualität des nachfolgenden Schlafes.

Der Psychotherapeut Milton Erikson hat als erster die Entdeckung gemacht, dass Ablauf und Spannung in einer beruhigenden und heilenden Geschichte von zweitrangiger Bedeutung sind.

Die richtigen Geschichten erzählen

Es kommt vor allem auf die vermittelten und ausgelösten Empfindungen an. Eine beruhigende und heilende Geschichte muss getragen sein von stärkenden und motivierenden Aussagen. Die handelnden Personen müssen überlegt und letztendlich erfolgreich handeln. Für den Erzähler ist es von entscheidender Bedeutung zu erkennen, mit wem sich der kleine Zuhörer identifiziert. Die von der Identifikationsperson der Geschichte und dem Kind gemachten Erlebnisse

Ebenso wie das Einschlaflied für ein Baby ist die Einschlafgeschichte für ein Kleinkind und das abendliche Gespräch beim älter werdenden Kind eine wichtige und schöne Angewohnheit.

Liebevolle Nähe, vertrauensvolle Gespräche und ein harmonisches Miteinander stärken das kindliche Selbstvertrauen und vermitteln optimistische Zukunftshoffnungen.

müssen zu einer positiven und hoffnungsvollen Grundeinstellung führen. Dabei dürfen innerhalb der Geschichte durchaus Verluste und Enttäuschungen vorkommen. Sie müssen jedoch erklärt sein, so dass sie in Zukunft vermieden werden können. Das Ende sollte ein Gefühl der Sicherheit und Ichstärkung hinterlassen.

Wählen Sie also Ihre Geschichten, mit denen Sie Ihr Kind in den Schlaf hineingeleiten, unter diesen Gesichtspunkten aus. Schläft Ihr Kind ein, bitte nicht mit der Geschichte aufhören, sondern sie zumindest konzentriert auf die positiven Aspekte der Geschichte abschließen.

An sich kann uns gar nichts Besseres passieren, als dass das Kind einschläft. In dieser Schlafphase haben wir einen besonders leichten und wirkungsvollen Zugang zum Unterbewusstsein des Kindes.

Aus langjähriger praktischer Erfahrung stehen wir dem Einsatz sogenannter Positivsuggestionen im Sinne von »Es geht mir immer besser, morgen werde ich es schaffen und ich bin gut etc.« sehr skeptisch gegenüber. Fehlt hier der Bezug zur Realität, so lehnt das Unterbewusstsein derartige Suggestionen ab und bewirkt eine Verstärkung der gegenteiligen Empfindung.

Die Aussage »Mir geht es immer besser im Unterricht, weil ich regelmäßig lerne etc.« ist logisch begründet und überzeugt das Unterbewusstsein.

> Belassen Sie es nicht bei allgemeinen positiven Aussagen und Aufmunterungen Ihrem Kind gegenüber, sondern bleiben Sie realistisch. Ihr Kind kann durchaus Kritik vertragen und weiß auch, dass nicht alles eitel Freude sein kann. Wichtig ist die positive Tendenz des Gesagten.

Positive Suggestionen

Sprechen Sie derartig geformte Suggestionen im Sinn von »Heute hast du so fleißig gelernt, deshalb wird es dir morgen gelingen, alles dem Lehrer richtig zu erzählen. Du hast es mir am Nachmittag bereits richtig erzählt.«

Dies ist eine nachweislich wirkungsvolle Methode. Kurze, prägnante Sätze mit einem Wahrheitskern, der innerhalb des Erfahrungsbereichs Ihres Kindes liegt, sind am effektivsten.

Bitte jeglichen Negativausdruck meiden. »Du wirst morgen im Unterricht keine Angst haben«, bewirkt das Gegenteil!

Mit dieser Technik lässt sich Blockaden in allen Alltagssituationen erfolgversprechend vorbeugen. Nutzen Sie diese zum Wohle Ihres Kindes!

Kinder erzählen gern, hören andererseits aber selbst gern Erlebnisse. Auch in dieser Beziehung haben Sie als Elternteil oder ErzieherIn Vorbildcharakter: Berichten Sie von Ihren Begegnungen, Überlegungen und Befürchtungen, und zwar so, dass es vom Kind verstanden wird und nachvollzogen werden kann.

Dieses Prinzip des Geschichtenerzählens sollten Sie auch auf alle Ihre Gespräche mit Ihrem Kind übertragen. Ist Kritik berechtigt, so soll sie klar und deutlich genannt werden. Jedoch nur im Zusammenhang mit einem (möglichst leicht) erreichbaren Ziel. Unter dem Motto »Fehler machen wir alle, wenn du beim nächsten Mal auf Folgendes achtest, dann wird es dir nicht noch einmal passieren. Du brauchst nicht zu befürchten, dass ich dich wegen dieser Geschichte weniger liebe.«

Erkennen Sie jedoch eine bewusst böswillige Verhaltensweise, so sollten Sie unbedingt nach den möglichen Vorbildern aus Kindergarten, Schule, Bekanntschaft, Funk und Fernsehen fahnden.

Fragen Sie, welches Gefühl diese Verhaltensweise im Kind auslöst; warum mag es dieses Gefühl?

Über Geschichten die Sprache des Unbewusstseins verstehen

Angenehme, schöne und harmonische Eindrücke wirken auf jedes Kind und seine Psyche aufbauend und stabilisierend, wenn es sie annimmt. Sobald Langeweile beim Zuhören aufkommt, ist das Kind entweder unter- oder überfordert. Auf jeden Fall entwickelt sich eine Ablehnung, die die günstige Wirkung des Erlebnisses vermindert. Deshalb ist es immer wieder wichtig, sich einen Eindruck von dem zu machen, was im Denken und Fühlen des Kindes vor sich geht.

Es kann sinnvoll sein, in einer aktuellen Situation das Interesse Ihres Kindes durch gezieltes Fragen zu lenken und zu verstärken. Kinder mögen es nicht, ständig belabert und gefordert zu werden. Wir sollten deshalb hier sehr gefühlvoll vorgehen. Der entscheidende Schlüssel zum Verständnis dessen, was sich im Inneren unseres Kindes abspielt, liegt in seinen Erzählungen. Diese sollte man fördern, wo immer es geht. Dabei darf durchaus mit Hilfe von gezielten Zwischenfragen vom unnützen Geplapper zum Wesentlichen geführt werden. Kinder, die von den Erwachsenen das unsinnige Getratsche über alle möglichen Leute übernehmen, werden förmlich zum Lügen verleitet, weil sie in derartigen Kreisen nur Anerkennung finden, wenn sie immer etwas Neues zu berichten wissen.

Wer seinem Kind eine Stille vermitteln will, die aus innerer Ruhe nach außen reift, der muß ihm täglich Zeiträume zum Erzählen einräumen.

Zur Stille bereit sein

Wirkliche Stille entsteht dann, wenn im inneren Ich alles in Ordnung ist. Wir sollten nicht Gefahr laufen, diesen inneren Mangel durch äußere Übungen überdecken zu wollen.

Je mehr ein Kind bei der Auseinandersetzung mit einem Erlebnis aktiv mitarbeitet, desto größer ist die Chance, dass günstige Aspekte zum Tragen kommen oder ungünstige so verarbeitet werden, dass sie stabiler machen und nicht schaden.

Wir hatten deshalb bereits empfohlen, vom reinen Erzählen möglichst zum Miterzählen zu ermutigen. Dies auch auf die Gefahr hin, dass dabei die Geschichte eine ganz andere wird.

Der folgende Schritt führt noch weiter, gibt dem Unterbewusstsein die günstigsten Möglichkeiten, seine Hoffnungen, Ansichten und Ängste zu äußern.

Erzählrituale

Man kann daraus ein regelrechtes Ritual entwickeln. Die sogenannten Zaubergeschichten waren bei unseren Kindern immer eine sehr beliebte Kontaktebene zu uns Eltern. Sie sind auch heute noch unser wichtigstes Instrument in der Arbeit mit Kindern ab dem vierten Lebensjahr und ebenso bei Erwachsenen. Dann heißt es allerdings

> Fragen Sie gezielt, aber nicht aufdringlich nach und versuchen Sie, zum Kern vorzudringen, wenn Ihr Kind sich in seinen Erzählungen verzettelt.

»aktive Imagination«. Wir haben manchen Nachmittag damit verträumt oder wundervolle Abendstunden damit erlebt. Bevor man beginnt, direkt vor dem Einschlafen auf diese Weise zu arbeiten, sollte man allerdings bereits mit der Sache vertraut sein, um den Ausgang der Geschichte so zu lenken, dass der anschließende Schlaf nicht beeinträchtigt ist. Deshalb ist es günstiger, anfänglich zu früheren Tageszeiten damit zu beginnen.

Bildsymbole anwenden

Von den 10 Grundsymbolen des katathymen Bilderlebens haben wir für Sie drei ausgewählt, die auch für Nichttherapeuten sinnvoll einzusetzen sind. Das praktische Beispiel zu jeder Geschichte soll Ihnen Mut machen, in gleicher Weise vorzugehen. Befürchtungen, hier irgend etwas falsch machen zu können, sind unberechtigt. Durch die Erlebnisse, die Kino, Fernsehen und Computer unseren Kindern aufzwingen, müssen sie mit weitaus Dramatischerem fertig werden. Wichtig ist, einen ruhigen äußeren Rahmen aufzubauen. Ideal ist es, wenn die Eltern sich abwechseln. Zuhörer, sei es der zweite Elternteil oder auch Geschwister, hemmen meistens.

Um zunehmend schneller in die erforderliche Grundentspannung zu kommen, ist ein Vorgehen im Sinne des autogenen Trainings zumindest anfänglich sinnvoll. Ist dieser Prozess erst einmal zur Gewohnheit geworden, so wird er sich in jeder Stellung, die eine gewisse körperliche Gelöstheit zulässt, anbahnen lassen. Auch im Sitzen und Stehen.

In wechselnden Situationen üben

Uns wird immer wieder die Frage gestellt, ob nicht Räucherduft, eine Kerze und leise Musik etc. eine Hilfe sein könnten. Eventuell auch noch das exakte Einhalten einer bestimmten Tageszeit usw. Natürlich sind dies wundervolle Einstiegshilfen, sie machen jedoch auch abhängig. Unter ungünstigeren Verhältnissen fällt dann das Ent-

---

Die Visualisierungstechnik nach Simonton ist ursprünglich eine Methode, bei der durch Vorstellungsbilder körperliche Heilungsprozesse beschleunigt werden können. So stellen sich etwa kranke Kinder Helferzellen im Körper vor, die den befallenen Organen bei ihrem Kampf gegen die Krankheit helfen.

spannen um so schwerer. In den meisten Fällen, in denen wir Entspannung brauchen, sind die äußeren Umstände eher ungünstig. Deshalb ist es gut, die aktive Imagination einmal am Küchentisch, in freier Natur, ja sogar im Alltagslärm zu üben. Zum Beispiel an einer Bushaltestelle, in der Bahn, im Café etc.

Die Zeitdauer der Zaubergeschichten kann zwischen fünf Minuten und mehr als einer Stunde liegen. Sobald beim Kind Unwohlsein, Erschöpfung oder Ablehnung auftritt, lösen wir uns behutsam aus der Situation.

Der Blumentest

Der Blumentest soll abklären, in wieweit es unserem Kind möglich ist, sich innere Bilder vorzustellen. Wir fragen unser Kind, ob es sich eine Blume vorstellen kann. Das Motiv einer Blume wählen wir, weil es in der Regel angenehm und liebenswürdig ist und selten negative gedankliche Verbindungen zu Blumen bestehen. Sieht das Kind dennoch eine schwarze Rose, eine verwelkende Blume, eine Blume aus Metall oder ähnliches, so sollte man einen Therapeuten zu Rate ziehen.

Beispiel
Peter, liegst du bequem so? *Ja.* Versuche doch bitte einmal, ob es noch etwas bequemer geht. Du darfst dich übrigens während unserer Zaubergeschichte auch bewegen, wenn dir danach ist. Tu das aber dann bitte ganz langsam wie eine Schnecke. Schließe bitte jetzt deine Augen und stelle dir eine Rose vor. Geht das? *Ja.* Sag mir bitte welche Farbe die Rose hat. *Die Rose ist rot.* Hat sie einen Stiel? *Ja, einen sehr langen, grünen ohne Dornen.* (Drückt Unsicherheit in der ungewohnten Situation aus). Kannst du ganz vorsichtig mit deinem Zeigefinger in die Blüte hinein fühlen? *Ja, das geht.* Wie fühlt sich das an? *Feucht und weich.*

In den wenigen Fällen, wo dieser Test nicht erfolgreich ist, sollten Sie die Hilfe eines Therapeuten in Anspruch nehmen.

B eim katathymen Bilderleben werden unterschiedliche Ausprägungen von Vorstellungsbildern auf ihre Aussage hin überprüft. Dabei sind die augenfälligsten Merkmale die wesentlichen und am leichtesten zu interpretieren.

Die Wiese

Unsere erste große Zaubergeschichte spielt sich auf einer Wiese ab. Diese Wiese ist eine Bühne für unterschiedlichste Symbole, die meist von allein auftauchen. Akute Stimmungen und Probleme spiegeln sich hier wieder.

Beispiele

Peter, kannst du dir eine Wiese vorstellen, in einem fernen Land, wo du noch nie gewesen bist? *Ja, das kann ich.* Schau dich doch einmal um, was es da alles zu sehen gibt. *Ich sehe eine kleine grüne Wiese.* Ist sie überall gleichmäßig grün? *Ja, und es sind bunte Blumen darauf.* Was meinst du, was für eine Jahreszeit es ist? *Frühling.* Kannst du noch etwas anderes sehen? *Berge in der Ferne und Bäume und einen Bach.* Möchtest du einmal von dem Wasser trinken? *Ich habe keinen Becher.* Versuche, aus der Hand zu trinken. *Dann muss ich mich niederknien und meine Knie werden schmutzig.* Ist das schlimm? *Das ist so ekelig, ich mag das nicht.*

(Von den letzten Bemerkungen abgesehen, die auf eine Abneigung gegen Natürliches hinweisen können, weist die Landschaftsbeschreibung auf ein generell psychisch gesundes Kind hin.)

Wir nutzen den entspannenden Effekt der Zaubergeschichte weiter aus, indem Peter barfuß gehen, an Blumen riechen, Tiere streicheln, vom Apfelbaum essen darf usw.

Anders sieht es bei Nicole aus, sie liefert uns das Beispiel eines Kindes, das innerlich um Hilfe schreit:

Nicole, kannst du dir eine Wiese vorstellen, in einem fernen Land, wo du noch nie gewesen bist? *Ja, das kann ich.* Schau dich doch einmal um, was es da alles zu sehen gibt. *Ich sehe eine Wiese, aber sie ist ganz vertrocknet und von der Sonne verbrannt.* Siehst du irgendwo Blumen oder Sträucher? *Ja, aber die haben auch keine Blätter mehr.* Was kannst du denn sonst noch sehen, wenn du dich etwas weiter umschaust? *Die ganze verdörrte Wiese ist von einem Stacheldraht umgeben. Da ist noch ein ausgetrocknetes Bachbett, und in der Ferne sind ungeheuer*

Bei den Geschichten besteht immer die Gefahr der Überinterpretation. Kommen Ihnen die Ausführungen Ihres Kindes seltsam und bedenklich vor und lassen sich Widersprüche nicht durch Nachfragen auflösen, sollten Sie die professionelle Hilfe eines Kindertherapeuten in Anspruch nehmen.

Vorstellungen deuten

hohe steile Berge mit Schnee. Wie fühlst du dich? *Nicht gut, ich möchte hier weg.* Dann komm zurück in meine Arme, morgen suchen wir uns eine schönere Wiese.

Positive Elemente finden

Die Wiese eignet sich, wegen der angenehmen Bildinhalte, besonders als Eingangsmotiv. Sie erinnert an die Ruhe des Garten Edens, bringt Sonne, Früchte, Stille und behagliche Müdigkeit. Überforderte, neurotisch gestörte Kinder projizieren ihre Probleme jedoch bereits in dieses Bild.

Die aktive Imagination besteht darin, dass wir die unschön erscheinenden Elemente des inneren Bildes zum Positiven verändern. So wird Nicole den Bach zur Quelle verfolgen, dort ein Hindernis finden und es beseitigen, so dass das Wasser wieder sprudeln kann. Traut sie sich dies selbst nicht zu, so bitten wir eine Fee, eine gute Hexe oder eine andere Person, die ihr in den Sinn kommt, um Hilfe.

Zielen Sie grundsätzlich darauf ab, in den Geschichten eine positive, optimistische Tendenz zu verstärken, verlieren Sie sich nicht in Details.

Wiewohl meist die Mütter anfänglich eine engere Beziehung zu den Kindern haben, ist beim älteren Kind ebenso der Vater die richtige Person für Stille- und Bewusstseinsübungen.

Auch der Zauberstab wird gern eingesetzt. Pflanzen werden begossen und auch neu gepflanzt. Kranken Pflanzen wird Mut zugesprochen usw. Tauchen irgendwelche bösen Tiere oder Wesen auf, so werden sie gefüttert mit allem was sie mögen, bis sie ganz zahm sind. Dies kann mehrere Märchenstunden erfordern.

Ältere Kinder können, neben dem Füttern, sich auch ausführlich mit dem Ungeheuer etc. unterhalten. Oder einmal in den Kopf des Ungeheuers hinein schauen. Dies geht besonders gut, wenn es satt und müde ist. Nun geht es vor allem darum zu erkennen, wie sich das Ungeheuer fühlt. Ob es jemanden hat, der es liebt. Was es mit dem, was es tut, erreichen möchte.

Krank sein, Arzt und Krankenhaus

Besonders auf einen Aufenthalt im Krankenhaus sollte jedes Kind vorbereitet sein. Nutzen Sie jede Möglichkeit, Ihr Kind zu Krankenbesuchen mitzunehmen, wobei Sie Spielzeug mitnehmen können, um das Erlebnis schöner zu gestalten.

Wie bereits bei der Herz-Übung des autogenen Trainings erwähnt, ist die liebevolle gedankliche Hinwendung zu den Organen oder dem Abwehrsystem unseres Körpers eine nachweislich gesundheitsfördernde Technik.

Jedes Organ, ja sogar jede Zelle des Körpers ist eine selbstständige Lebenseinheit, die auf eine positive Grundstimmung und gutes Zureden reagiert.

Wie jeder Mensch denken auch kranke Kinder ständig über ihre Krankheit nach. Das beeinflusst unzweifelhaft die körperliche Bereitschaft zur Heilung. Ob dieses Denken den Heilungsprozess unterstützt oder möglicherweise bremst, darüber entscheidet die Art und der Inhalt der Gedanken.

Einer unserer kleinen Patienten sagte, er musste ständig seinem kleinen Herz vor der Operation Mut zusprechen. Nach der Herzoperation redete er seinem Herzen zu, schnell zu heilen und malte mehrmals das Bild eines ganz heilen Herzens.

Der Operations- und Genesungsverlauf war so »bilderbuchhaft«, dass diese Technik jedem Patienten in der Klinik empfohlen werden kann.

Stilleübung zur Heilung

Als anfängliche Konzentrationshilfe sollte eine Hand des Betreuers oder des Kindes während der Vorstellungsübung über dem von der Erkrankung betroffenen Körperbereich liegen. Es genügt, wenn das erkrankte Organ mit liebevollen Gedanken und einem strahlend weißen Licht umgeben wird. Ändert sich die Lichtfarbe während der Vorstellungsübung, macht das gar nichts.
Um die Gedanken des Kindes möglichst lange bei dem betroffenen Bereich zu halten, kann es sich vorstellen, einen der im Körper ständig arbeitenden »Heilzwerge« zu beauftragen. Der Zwerg soll Schmutz absaugen, entzündete Bereiche eincremen, etwas wieder in seine richtige Form bringen usw.
Für die hohe Effizienz eines derartigen Vorgehens liegen inzwischen viele klinische Bestätigungen vor.

Negative Einflüsse stoppen

Um ungünstige Beeinflussungen aus unserem Unterbewusstsein auszuschalten, muss verhindert werden, dass sich negative Erfahrungen dort festsetzen können. Sind bereits negative Erfahrungen gespeichert, müssen sie »gelöscht« bzw. durch postitive überlagert werden. Ihr Kind braucht selbst noch gar keine Negativerfahrungen gemacht zu haben. Weil unser Unterbewusstsein dazu neigt, alles gefährlich Erscheinende sofort zu speichern, genügt es oft schon, wenn im Hörbereich Ihres Kindes negativ über eine Arztsituation gesprochen wurde. Dabei braucht Ihr Kind diesem Gespräch gar nicht bewusst zugehört zu haben.
Dieses Problem gehen Sie am Besten an, indem Sie Ihr Kind zu ärztlichen Routinebehandlungen mitnehmen. So ist Ihr Kind bereits an die Atmosphäre in einer Arztpraxis gewöhnt. Dabei darf dem Kind durchaus bewusst werden, dass es sich hier nicht gerade um eine angenehme Sache handelt. Lassen Sie die Situation, wie sie ist, versu-

---

Falls Sie selbst Vorbehalte gegenüber Ärzten und Krankenhäusern haben, sollten Sie versuchen zu vermeiden, dass sich diese negative Einstellung auf Ihr Kind überträgt. Um sich vertrauensvoll in eine Heilbehandlung begeben zu können, darf es nicht durch negative Aussagen vorbelastet sein.

chen Sie nicht, die Sachlage zu beschönigen. Ihre Glaubwürdigkeit würde dadurch Schaden nehmen.

Gestehen Sie dem Kind ruhig ein, dass die Situation unangenehm werden kann. Darum ist es auch ganz normal, Angst zu haben; das hat nichts mit Feigheit zu tun.

Rollenspiel

Oft erweist es sich als hilfreich, kritische Situationen gewissermaßen spielerisch einzuüben. Dann flößt die Realität weniger Angst ein.

Wenn bereits negative Gefühle aufgebaut sind, dann hilft nur die Verankerung positiver Erfahrungen im Unterbewusstsein. Eine bewährte Technik ist, die einzelnen Schritte als Rollenspiel zu durchleben.

Rollenspiel Arztbesuch

1. Szene: Anziehen für den Gang zum Arzt
2. Szene: Auf dem Weg zum Arzt
3. Szene: An der Tür zur Arztpraxis
4. Szene: Anmeldung bei der Praxishilfe
5. Szene: Warten im Wartezimmer und Bemerkungen der anderen Patienten
6. Szene: Der Arzt schaut herein und holt jemand anderen
7. Szene: Jetzt sind wir dran
8. Szene: Die Untersuchung
9. Szene: Glückliche Stunden im Tierpark etc.

Sobald Sie merken, dass deutliche Angstreaktionen aufkommen, wiederholen Sie die jeweilige Szene, bis eine Gewöhnung stattgefunden hat. In einer Stilleübung zur Vorstellungsbildung kann man den Stoff eventuell nochmals aufgreifen.

Besonders auf einen Aufenthalt im Krankenhaus sollte jedes Kind vorbereitet sein. Nutzen Sie jede Möglichkeit, Ihr Kind zu Krankenbesuchen mitzunehmen. Nehmen Sie Spielzeug mit und halten Sie sich nicht zu lange im Krankenzimmer auf. So lässt sich viel seelischem Leid vorbeugen.

Über die Autoren:

Eva Maria Angerstein, geboren 1947, Mutter von drei Kindern. Krankenschwester, Krankengymnastin, Heilpraktikerin, Religionspädagogin. Der Inhalt dieses Buches entwickelte sich in ihrer über zwanzigjährigen Lehrtätigkeit in den Fächern Religion und Sport an Grund- und Hauptschulen für gesunde und körperbehinderte Kinder.

Joachim Heinrich Angerstein, geboren 1948, Vater von drei Kindern. Krankengymnast, Studium in Theologie und Psychologie. Lehrtätigkeit an Berufsfachschule für Massage und Krankengymnastik sowie Heilpraktikerschule. Tätigkeit als Heilpraktiker und Psychotherapeut in Kinderklinik und eigener Praxis. Seit über zwanzig Jahren Leitung von Gruppen in autogenem Training und Meditation für Kinder.

Hinweis

Das vorliegende Buch ist sorgfältig erarbeitet worden. Dennoch erfolgen alle Angaben ohne Gewähr. Weder die Autoren noch der Verlag können für eventuelle Nachteile oder Schäden, die aus den im Buch gemachten Hinweisen resultieren, eine Haftung übernehmen.

Bildnachweis

Alle Bilder stammen von Claudia Rehm, Stockdorf, außer: Bavaria, Gauting: Titel (The Telegraph), U4 (Masterfile Cooperation); Image Bank, München: 14 (Flip Chalfant); Transglobe Agency, Hamburg: U2 (Jerrican/Good Book)

Impressum

© 1997 Südwest Verlag GmbH & Co. KG, München
Alle Rechte vorbehalten. Nachdruck – auch auszugsweise – nur mit Genehmigung des Verlages.
Redaktion: Martin Stiefenhofer
Projektleitung: Ernst Dahlke
Redaktionsleitung: Nina Andres
Bildredaktion: Ute Schoenenburg
Umschlag: Till Eiden
DTP/Satz: MAC 2/Wolfgang Luttmann
Produktion: Manfred Metzger
Printed in Germany
Gedruckt auf chlor- und säurearmem Papier
ISBN 3-517-07532-9

Register

Angst 14f., 36ff., 56, 73ff., 79, 81
Atmung 45f.
Autogenes Training 27, 44ff., 70, 92
- Stillegeschichten 48ff.
Baum (Yoga) 32
Beingrätsche 29
Beten 82f.
Beutel, geheimnisvoller (Tastempfinden) 24
Bewegung 70f.
Bildmeditation (Sehen) 17
Bildsymbole anwenden 88ff.
Blumentest (Bilderleben) 89
Bulling 60, 77
Computer 72, 88
Distress 36f.
Drehübung (Yoga) 33f.
Einschlafgeschichten 84ff.
Energiekugel (Stilleübung) 78ff.
Entspannung 27ff., 46, 71, 89
Entwicklung, kindliche 10ff.
Erinnerungsgeschichte (Sehen) 15f.
Erlebnisse, belastende, verarbeiten 75f.
Erzählrituale 87f.
Essen als Ruheritual 64
Eustress 36f.
Fernsehen 72f., 88
Formen ertasten 23
Geräusche
- herausfiltern 19
- im Freien 19f.

- in Geschichten 19
- sammeln 18
Geschichten erzählen 12
Geschmackserlebnisse 21f.
Grundgestimmtheit 7f., 56, 81
Halbmond (Yoga) 35
Hausaufgaben 70f.
Herzgeschichte (Autogenes Training) 51
Herzübung 47, 92
Hören 17ff.
Hyperaktivität 76f.
Ich bin ein... (Vorstellungsübung) 41ff.
Ich bin getragen (Meditation) 57
Igelball (Fühlen) 25
Katze (Yoga) 31
Kobra (Yoga) 34
Konzentration 11, 39, 68ff.
Krankenhausaufenthalt 92ff.
Lächeln, bewusstes 48
Lernen
- konzentriertes 66f.
- mit Geräuschkulisse 69
- mit Musik 69f.
Lichtwechsel (Sehen) 17
Mandala malen (Stilleübung) 80
Massage 25f., 45
Mittagsschlaf 71
Muskeln spüren 27ff.
Panther (Yoga) 34f.
Pfeil (Yoga) 32f.
Riechen und Schmecken 20ff.

Rollenspiele 43, 94
Schulängste 57ff.
Sehen 15ff.
Sich fühlen 24ff.
Stille
- im Alltag 56ff.
- zur Überwindung der Angst 74f.
Stillerituale 64f.
Stilleübungen
- Hilfe durch 6f.
- während der Schwangerschaft 9
- zur Wahrnehmung 15ff.
Storch (Yoga) 35
Stress 36ff., 62
- körperliche Symptome 37
Stressbewältigung 39
Suggestionsformeln 45ff., 55, 85
Tastempfinden 22ff.
Unterbewusstsein 6ff., 38f., 57, 78ff., 85ff., 93f.
Unterstützung durch Eltern 61ff.
Verspannungen 27ff., 46f.
Visualisierungstechnik 88ff.
Vorstellungsübungen 43, 80ff.
Waage (Yoga) 31
Wahrnehmungsbereiche 12, 14ff.
Wärmegefühl entwickeln 45, 47
Wärmegeschichte (Autogenes Training) 49f.
Yoga-Übungen 30ff.
Zuhören 64f.